ReliBausteine primar

Michael Landgraf

Kirchenjahr und Lebensfeste

Vom Advent bis zum Ewigkeitssonntag
Von der Taufe bis zur Beerdigung

Calwer – VSP – RPE

Relibausteine primar – Kirchenjahr und Lebensfeste

ISBN: 978-3-7668-4432-3 (Calwer)

ISBN: 978-3-938356-67-8 (RPE)

ISBN: 978-3-939512-91-2 (VSP)

2. Auflage 2019

Satz: Verlagshaus Speyer GmbH
Umschlaggestaltung: Karin Sauerbier, Stuttgart
Druck und Verarbeitung: Mazowieckie Centrum Poligrafii –
05-270 Marki (Polen) – ul. Słoneczna 3C – www.buecherdrucken24.de
Internet: www.calwer.com
www.verlagshaus-speyer.de
www.rpe-online.com
E-Mail: info@calwer.com
info@verlagshaus-speyer.de

Inhalt

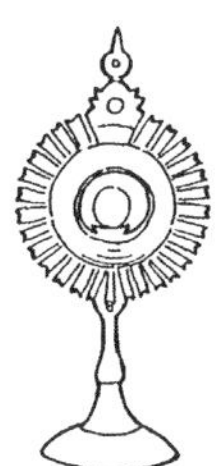

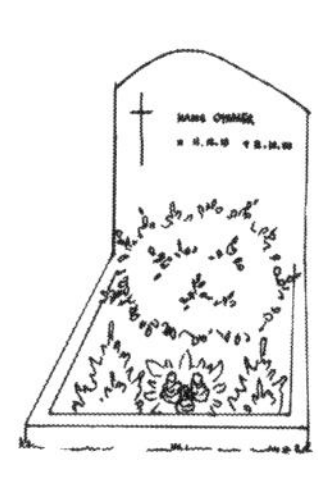

Vorwort

Im Jahr und im Leben begegnen uns unterschiedliche Feste. Manche sind persönlich wie der Geburtstag, andere sind mit den Jahreszeiten verbunden wie das Sommerfest. Sie hängen mit dem Kalender zusammen wie Neujahr, sie sind mit einem staatlich-gesellschaftlichen Ereignis verbunden wie der „Tag der deutschen Einheit" oder sie markieren den Abschluss einer Tätigkeitsphase wie Schulfeste am Schuljahresende. Die meisten Feste im Jahr gehören zum Festkreis des Kirchenjahres und viele davon sind staatlich geschützt und arbeitsfrei. Andere gehören zur kirchlichen Lebensbegleitung durch Rituale.

Der vorliegende Band spürt vor allem kirchlichen relevanten Festen im Leben und im Jahr nach. Praxiserprobte Materialien bieten elementare Texte und Bilder. Das Bausteine-Prinzip enthält Arbeitsblätter, Kreativ- und Spielideen, Impulse zur Diskussion und Lieder, die Raum für offenes Arbeiten und einen breiten Kompetenzerwerb lassen.

Zugänge bieten Überblicksbausteine. Welche Feste werden im Jahr gefeiert? Wie unterscheiden sich Kalenderjahr und Kirchenjahr, Festtage und Festzeiten? Wie kann gezeigt werden, dass man zu bestimmten Zeiten an andere denkt? Neben kurzen Einführungen und Impulsen, die auch zur Auswertung am Ende einer Einheit genutzt werden können, gibt es Basiskarten, die sich für ein Memory-Spiel eignen, sowie ein Überblickslied und die Anleitung, Grußkarten zu gestalten.

Das Kapitel **Kirchenjahr** bietet differenzierte Bausteine zu kirchlichen Feiertagen und Festzeiten. Grafisch werden zentrale Festszenen oder ein Symbol geboten, die gedeutet und weitergestaltet werden. Gefragt wird nach Festtraditionen vor Ort, und durch Impulse wird der Hintergrund des Festes vertieft. Wenn Bibelgeschichten Basis des Festes sind, werden diese kurz nacherzählt. Zusätzlich werden vertiefende Hintergrundinformationen geboten, beispielsweise zum Ursprung der Adventskranz- und Krippentradition. Auch werden Feste betrachtet, die keine kirchlichen sind, die aber mit Kirchenfesten in Bezug stehen – beispielsweise Silvester und der Volkstrauertag, an denen Gottesdienste stattfinden, Fastnacht, das auf die Passionszeit vorbereitet, und Halloween, das in Konkurrenz zum Reformationstag steht.

Im Kapitel **Lebensfeste** geht es um kirchliche Rituale, die im Übergang gefeiert werden: Taufe, Erstkommunion, Firmung und Konfirmation, Trauung und Beerdigung. Neben Hintergrundinformationen können persönliche Erfahrungen im Familienkreis reflektiert werden. Da der Geburtstag ein für Kinder wichtiges Lebensfest ist, wird er am Ende bedacht.

Michael Landgraf, Neustadt a. d. Weinstraße

Theologische Einführung
Zum Kalender und Kirchenjahr

Das *Kalenderjahr* basiert auf dem gregorianischen Kalender, benannt nach Papst Gregor XIII. (1502-1585). Dieser wurde nach einer Kalenderreform im Jahre 1582 eingeführt. Er löste den alten julianischen Kalender ab, benannt nach Julius Caesar. In diesem war bereits der 1. Januar als Beginn des Kalenderjahres festgelegt. Die Änderung war notwendig, weil der Jahreslauf der Sonne zehn Tage hinterherhinkte. Die Reform korrigierte die Jahreslänge und fügte ausgleichend Schaltjahre ein. Da die orthodoxe Kirche noch am julianischen Kalender festhält, gibt es unterschiedliche Festtage.

Manche Feste lassen den Bezug zum jüdischen Festkalender erahnen. Ostern ist mit Pessach verbunden, und die biblische Pfingstgeschichte spielte zu Schawuot in Jerusalem. Erntedank und Sukkot sind Erntefeste, während Chanukka und Weihnachten beides Feste sind, an denen Lichter eine Rolle spielen (Überblick „Christliche und Jüdische Feste im Vergleich" in: ReliBausteine primar, „Religionen der Welt", S. 30).
Die *Berechnung beweglicher Feiertage* im Kirchenjahr hängt von verschiedenen Faktoren ab. Das Konzil von Nicäa (325 n. Chr.) legte den Ostersonntag als den Sonntag nach dem ersten

Frühlingsvollmond fest – also zwischen dem 22. März und dem 25. April. Andere Feste orientieren sich an diesem Termin: 46 Tage vor Ostern liegt Aschermittwoch, 39 Tage danach Christi Himmelfahrt und 49 Tage nach Ostern liegt Pfingsten. Abhängig von regionaler Ernte liegt der Termin des Erntedankfests meist am ersten Sonntag im Oktober. Der erste Advent ist der Sonntag nach dem 26. November (zwischen dem 27.11. und dem 3.12.) und der Buß- und Bettag liegt elf Tage davor.

Das *Kirchenjahr* orientiert sich, im Unterschied zum Kalenderjahr, am Ritus. Prominenteste Kirchenfeste sind Ostern, Pfingsten und Weihnachten. Während für kirchliche Kreise Ostern der wichtigste Feiertag ist, ist es für Kinder eher Weihnachten. Festzeiten sind teils dramaturgisch aufgebaut. So gibt es vor Ostern und Weihnachten jeweils eine Zeit der Besinnung. Eine davon ist die Passionszeit, die immer noch als Fastenzeit gilt.

Auch der *Advent* war früher eine Fastenzeit. 1570 wurde der Beginn des Advents auf den vierten Sonntag vor Weihnachten festgelegt. Katholische Traditionen wie die Adventsheiligen (Nikolaus) und die Weihnachtskrippe sowie die evangelische Tradition des Adventskranzes und des Adventskalenders werden konfessionsübergreifend beachtet. Auch haben sich heidnische Bräuche wie das Aufstellen immergrüner Zweige und Bäume gehalten.

Weihnachten, von Lutheranern *Christfest* genannt, liegt am 25. Dezember. Heiligabend ist kein kirchlicher Feiertag und gehört noch zur Adventszeit. Daher gibt es Gottesdienste in vielen Ländern erst an Mitternacht. Hierzulande hat sich allerdings durchgesetzt, dass Gottesdienste auf den Nachmittag des 24. Dezember als Familienereignis mit Krippenspiel und den Abend verlegt wurden. Der Weihnachtstermin selbst wurzelt im Fest des „Sol invictus", des unbesiegbaren Sonnengottes, den die Römer seit Kaiser Aurelian (um 270) feierten. Um den 25. Dezember wurden auch die ägyptische Göttin Isis, der vorderasiatische Lichtgott Mithras und das germanische Mittwinterfest gefeiert. Papst Liberius setzte 354 den Termin als Christusfest durch. Die orthodoxen Kirchen lehnen den Begriff „Weihnachten" ab. Sie bezeichnen ihr Fest, das am 6.-7. Januar gefeiert wird, *Epiphanias*, das Erscheinungsfest. Dabei steht die Taufe Jesu im Mittelpunkt. Epiphanias gilt als das älteste kalendarisch festgelegte christliche Fest (um 300 n. Chr.). In Deutschland entstand im 13. Jahrhundert am 6. Januar eine Tradition, die Heiligen drei Könige ins Zentrum zu stellen, da in Köln angeblich deren Gebeine lagen. Ebenfalls im 13. Jahrhundert entwickelte sich die *Fastnachts- oder Karnevalstradition* (lat: carne vale – „Fleisch, lebe wohl!") ab dem Donnerstag vor Aschermittwoch.

Danach beginnt die *Passionszeit* mit 40 Fastentagen. Das vom Konzil von Nicäa (325 n. Chr.) festgelegte strenge Fasten bezog sich auf Alkohol, Fleisch von warmblütigen Tieren, Eier und mehr. 1486 wurden wenigstens Milchprodukte erlaubt. Vom Fasten ausgenommen waren die sechs Sonntage. Auf evangelischer Seite setzt seit 1983 die Aktion „Sieben Wochen ohne" ein Zeichen des bewussten Verzichts.

Der *Aschermittwoch* wird in der katholischen Kirche seit dem 11. Jahrhundert mit dem Ritual des Aschekreuzes begangen. Es wird mit den Worten „Bedenke, o Mensch, du bist Staub und zum Staub kehrst du zurück" (nach Gen 3,19) auf die Stirn aufgetragen. Die Asche, traditionsgemäß aus der Asche der Palmen des letztjährigen Palmsonntags, symbolisierte bereits in biblischer Zeit Buße und Reue (z.B. Jer 25,34; 2. Sam 13,19; Esther 4,1).

In der Fastenzeit liegt der Sonntag *Lätare*, das heißt „Freut euch". Er macht die Freude an der Auferstehung bereits in der Passionszeit gegenwärtig. In katholischen Kirchen werden am *Sonntag Judika*, 14 Tage vor Ostern, Osterbilder verhüllt.

Die *Karwoche* ist der Höhepunkt der Passionszeit. Sie beginnt mit dem *Palmsonntag*, der an den Einzug in Jerusalem erinnert (Mt 21,8-9; Joh 12,13-15). Palmzweige galten im Altertum als Zeichen des Sieges. In katholischer Tradition werden meist Palmkätzchenzweige geweiht, Prozessionen damit gemacht und diese zu Hause an Kreuze oder Heiligenbilder angebracht.

Am *Gründonnerstag* steht das Abendmahl im Mittelpunkt, häufig ergänzt durch ein Gemeinschaftsmal (Agape). Im katholischen Bereich ist die Fußwaschung verbreitet, die auch vom Papst vollzogen wird. Der Name „groanen", also „weinen", spiegelt die Trauer dieser Tage, soll sich aber von Tränen der Büßer herleiten, die an diesem Tag wieder in die Kirche aufgenommen wurden. In vielen katholischen Gemeinden wird ab Gründonnerstag mit Ratschen oder Klappern statt mit Glocken zum Gottesdienst eingeladen.

Am *Karfreitag* als Todestag Jesu steht die Trauer (althochdeutsch „Kara") im Zentrum. 15 Uhr gilt als Todesstunde. Für Evangelische ist dies ein wichtiger Feiertag mit Gottesdiensten, während Katholiken nur Andachten feiern – oft an Kreuzwegen. Die unterschiedliche Einschätzung von Karfreitag führte früher zu konfessionellen Spannungen. Der *Karsamstag* als Tag der Grabesruhe Jesu dient der Vorbereitung auf den Ostersonntag. Ostereier werden bemalt und in katholischen Kirchen werden Tücher entfernt, die die Osterbilder verbargen.

Ostern gilt als wichtigstes christliches Fest, das in westlicher und orthodoxer Tradition zu unterschiedlichen Zeiten gefeiert wird (s.o.). Bereits in der Nacht oder am frühen Morgen hat sich die Feier der *Osternacht* in der Kirche oder auf dem Friedhof in beiden Konfessionen etabliert. Die Osterkerze wird angezündet, manchmal in Verbindung mit Lichtfeiern oder Osterfeuern. Da in der Nacht vor Ostern im frühen Christentum der Tauftag war, gibt es auch Tauferinnerungsfeiern. Bemalte Ostereier wurden, als Symbol des Lebens und der Auferstehung, bereits im 13. Jahrhundert geweiht (zu den weiteren Ostertraditionen, S. 44-49).

Vierzig Tage nach Ostern ist *Christi Himmelfahrt*, das seit dem Konzil von Nicäa (325) als Erhöhung Christi gefeiert wird. Im Mittelalter ließ man dazu eine Christusfigur durch ein Loch in der Kirchendecke emporschweben. Abschluss der Osterzeit und eines der drei wichtigsten Feste im Jahr ist *Pfingsten*, der „50. Tag" (griechisch: Pentekoste) nach Ostern. Diese Fest des Heiligen Geistes (Apg 2) hebt die babylonische Sprachverwirrung (Gen 11) auf und zeigt, dass durch Gottes Geist Verständigung mit Gott und unter Menschen möglich ist. Daher wird Pfingsten als Fest der Gemeinschaft und der Kirche gefeiert – neuerdings auch als Fest der Ökumene. Seit dem 6. Jahrhundert gilt die Taube als Symbol für den Heiligen Geist und für Pfingsten. Durch ein Loch in der Kirchendecke wurden früher lebende Tauben fliegen gelassen oder eine hölzerne Taube wurde mit einem Seil von oben geschwungen.

Am Sonntag nach Pfingsten, *Trinitatis*, wird seit dem 10. Jahrhundert der Zusammenhang von Gott Vater, Sohn und Heiligem Geist reflektiert, während die Orthodoxie bereits an Pfingsten diese Dreifaltigkeit bedenkt. Ein beliebtes katholisches Fest ist *Fronleichnam*, das als Fest der Eucharistie seit dem 13. Jahrhundert belegt ist. Wurden Fronleichnamsprozessionen seit dem Konzil von Trient (ab 1546) auch als Demonstration gegen Protestanten verstanden, sieht man heute darin die öffentliche Zurschaustellung des katholischen Glaubens in einer säkularer werdenden Welt.

Der *Johannistag* wird an manchen Orten durch große Johannisfeuer gefeiert. Dies wurzelt im heidnischen Brauch der Sommersonnwendfeuer. Der Gedenktag an Johannes den Täufer ist jedoch schon im 5. Jahrhundert belegt. Neben Jesus und Maria ist Johannes der einzige, dessen Geburtstag im Kirchenjahr gefeiert wird.

Mariä Himmelfahrt ist eines von vielen Marienfesten, die vor allem in den drei Wochen bis zum 8. September zelebriert werden. Seit dem 8. Jahrhundert ist das Fest in der Westkirche belegt, doch erst 1950 wurde die „Aufnahme Mariens in den Himmel" dogmatisiert.

Michaelis ist ein frühchristliches Fest. Dem Erzengel Michael sind viele Kirchen geweiht, die auf dem Boden ehemals heidnischer Kultplätze oder Tempel stehen. Er gilt als Schutzengel des Heiligen Römischen Reichs deutscher Nation und als Wurzel des „deutschen Michel".

Das ursprünglich evangelische *Erntedankfest*, normalerweise am Sonntag nach Michaelis, wird seit 1972 auch in der katholischen Kirche begangen.

Der *Reformationstag* als Gedenken des Thesenanschlags in Wittenberg anno 1517 wird seit 1617 gefeiert – bis ins 20. Jahrhundert meist mit antikatholischer Ausrichtung. Die 500-Jahrfeier 2017 war versöhnend angelegt. Dass der Thesenanschlag vor *Allerheiligen* geschehen sein soll, hat damit zu tun, dass dieses Fest seit dem 8. Jahrhundert in der Westkirche am ersten November gefeiert wird. Neben den täglichen Gedenktagen an Heilige, die durch den Namenskalender erschließbar sind, soll an diesem Tag an alle Heiligen erinnert werden. Das angelsächsische Halloween als „Vorabend zu Allerheiligen" greift vorchristliche Traditionen auf. Der allgemeine Totengedenktag ist für Katholiken *Allerseelen*.

Der *Buß- und Bettag* am Mittwoch vor dem letzten Sonntag des Kirchenjahres ist ein evangelischer Feiertag. Auch wenn seine Wurzeln in Straßburg 1532 liegen, wurde er erst 1981 offiziell eingeführt und wieder 1995 abgeschafft, um die Pflegeversicherung zu finanzieren. In Abendgottesdiensten geht es um persönliche Buße und um die Übernahme von gesellschaftlicher Verantwortung.

Der letzte Sonntag im Kirchenjahr, von Evangelischen *Ewigkeitssonntag* genannt, dient der Erinnerung verstorbener Gemeindeglieder. Er bildet damit ein Pendant zum katholischen Fest *Allerseelen*. Katholiken nennen daher diesen Sonntag *Christkönigstag*. Die Erinnerung an die Ewigkeit ist allerdings auch für Evangelische mehr als ein Totengedenken. Im Zentrum soll die Hoffnung stehen, dass Gott den Tod besiegt und eine Welt des Friedens und der Gerechtigkeit herbeiführt.

Zu den Lebensfesten

Lebensfeste werden auch „rites de passage" genannt. Den Begriff prägte 1909 der französische Ethnologe Arnold van Gennep. Er bezeichnete damit Feste, die viele Gesellschaften als Übergang zwischen Lebensstadien und sozialen Zuständen begehen.
Es gibt Initiationsriten, die der Einführung eines Kindes in die Gemeinschaft dienen. Kirchlich wäre dies die Taufe, im katholischen Bereich verbunden mit der Erstkommunion und Firmung, und im evangelischen mit der Konfirmation. Die letzten beiden Rituale dienen auch der Übernahme von Verantwortung, also als Einführung in die Welt der Erwachsenen, auch wenn dies heute nicht mehr so deutlich ist.
Die Ehe gilt als Umwandlungsritus, durch den man eine neue Form des Zusammenlebens eingeht. Die Beerdigung wird als Trennungsritus wahrgenommen, bei dem sich die Gesellschaft von dem Verstorbenen auf angemessene Weise verabschiedet.
Kirchliche Rituale zu den Lebensfesten haben nach evangelischem Verständnis die Funktion, um Gottes Segen auf dem weiteren Lebensweg zu bitten. Bei jedem evangelischen Lebensfest steht daher ein Bibelwort im Mittelpunkt. Einzig die *Taufe* wird unter den Lebensfesten als eine von Christus eingesetzte heilige Handlung (Sakrament) verstanden. In evangelischen Kreisen, zum Beispiel in vielen Freikirchen, gibt es die Auffassung, dass die Taufe an ein Bekenntnis gebunden sein müsse. Befürworter der Kindertaufe betonen, dass Gottes Segen davon unabhängig sei. Sie sehen die Taufe als Geschenk, bei dem Taufpaten und die Gemeinde verpflichtet werden, den Täufling zu begleiten.

Damit auf ein Bekenntnis vorbereitet und dies öffentlich gesprochen werden kann, wurde durch den Reformator Martin Butzer die *Konfirmation* als Bestätigung der Taufe eingeführt. Mit 14 Jahren galt man früher als volljährig und war nach der Konfirmation in Ausbildung. Heute gilt sie als Abschluss einer Zeit, in der in die kirchliche Gemeinschaft eingeführt wird und in der man sich über die Grundlagen des Glaubens austauscht.

Die kirchliche *Trauung* erlebte durch die standesamtliche einen Bedeutungswandel. Für evangelische Christen stehen das Eheversprechen vor der Gemeinde, das biblische Leitwort und Gottes Segen für die Ehe im Zentrum. Der Tod eines Menschen ist ein Einschnitt für Verwandte und die Gemeinde. Die Trauerfeier im Rahmen einer *Beerdigung* hat die Aufgabe, Hinterbliebene zu trösten und die Hoffnung zu vermitteln, dass Gott immer bei uns ist und er den Tod überwindet.

Die katholische Kirche sieht neben der Taufe auch die Eucharistie (verbunden mit der Erstkommunion), die Firmung, die Trauung und die Krankensalbung (die einer Beerdigung vorausgeht) als Sakramente an. Auch die Priesterweihe kann als katholischer Übergangsritus gesehen werden (siehe ReliBausteine primar, „Unsere Kirchen", S. 33-39).

Zur Weiterarbeit zum Thema **„Kirchenjahr"** eignen sich folgende **Webseiten:**
- www.theology.de/kirche/kirchenjahr/index.php
- www.kirchenjahr-evangelisch.de
- www.kath.de/Kirchenjahr/
- www.katholisch.de/glaube/unser-kirchenjahr

Namens- und Heiligentage können ermittelt werden unter:
- namenstage.katholisch.de
- kalender-365.de/namenstage.php

Didaktisch-methodische Überlegungen

Aspekt Teilthema	Kompetenzen Lernende können ...
Feste feiern	• den Anlass für Feste im Leben und im Jahr benennen • den Aufbau des Kalenders sowie Jahreseinteilungen wiedergeben • einen Festkalender mit einem kurzen Überblick über die Feste im Kirchenjahr gestalten und Bilder zuordnen
Feste des Kirchenjahres	• Gruß- und Glückwunschkarten bzw. Kondolenzkarten zu Festen im Jahr und im Leben reflektieren und gestalten • das Anliegen einzelner Feste und Festzeiten im Kirchenjahr darstellen • Bibelgeschichten zu den Festen im Kirchenjahr nacherzählen • Feste nach Konfessionen und nach ihrer Wichtigkeit ordnen • Kirchenjahresfeste von anderen (Neujahr; Halloween) unterscheiden • regional unterschiedliche Festtraditionen erkunden
Lebensfeste	• Lebensfeste als Feste in Übergängen des Lebens einordnen • die Taufe, die Erstkommunion, die Firmung und die Konfirmation als Rituale zur Initiation in die Kirchengemeinschaft darstellen • die Beerdigung als Ritual des Abschieds einordnen und Symbole auf Grabsteinen entschlüsseln • Ursprünge des Geburtstages erläutern

Zu den Unterrichtsbausteinen

Schülerinnen und Schüler erleben in ihrem Umfeld viele Feste, die sie meist unreflektiert feiern. Ihnen fällt auf, dass das Kalenderjahr, das Schuljahr und das Kirchenjahr jeweils unterschiedlich beginnen. Es gibt den Geburtstag und Sommerfeste, Neujahr und Halloween – und eben auch Feste des Kirchenjahres. Die Unterrichtsbausteine deuten die Feste auf elementare Weise vor deren traditionsgeschichtlichem Hintergrund. Da viele Feste auf einem Ereignis im Leben Jesu basieren, sei auf den Band ReliBausteine primar, „Jesus begegnen“ hingewiesen.

Die Bausteine im Kapitel **„Feste feiern – Zugänge“** drehen sich um die Reflexion des Feierns und um die differenzierte Wahrnehmung der Festtraditionen. Dabei wird ein Überblick über die Feste des Kirchenjahres angeboten. Dies geschieht mithilfe von Basisbausteinen (Kurzerklärungen und Bilder, die als Memory verwendet werden können, S. 15-17), eines Jahreskreises (S. 18f.), durch Zuordnungsaufgaben (S. 20) und einem Lied (S. 22).

Das **Kirchenjahr** wird ausführlich in Form von Arbeitsblättern und kreativen Zusatzaufgaben beleuchtet. Es beginnt mit Traditionen wie dem Adventskranz (Hintergrund: Wichern) und dem Adventsheiligen (S. 24-27). Interkulturell kann der Überblick zu Advents- und Weihnachtstraditionen in der Welt sowie der Weihnachtsgruß mit älteren Kindern gruppenteilig erarbeitet werden (S. 28-31). Die Herkunft der Weihnachtskrippe könnte mit einer kurzen Einheit über Franz von Assisi verbunden sein (siehe ReliBausteine primar, „Schöpfung“, S. 70-71). An Epiphanias, dem Dreikönigstag, werden die Aktionen der Sternsinger reflektiert, wobei Kinder befragt werden können, die als Sternsinger unterwegs sind (S. 35).
Keine kirchlichen Feiertage, aber mit Bezug zum Christentum, sind Silvester, Neujahr (S. 34) und Fastnacht (S. 36f.). Kreativ kann ein Feuerwerksbild gestaltet sowie über Verkleidungen nachgedacht werden.
Bei der Passionszeit sollte bedacht werden, worauf man zeitweise verzichten kann, um bewusster zu leben. Ein Schwerpunkt des Kirchenjahres ist dabei die Karwoche sowie Ostern als Fest des Lebens. Basisinformationen werden durch die Bausteine Palmsonntag, Gründonnerstag und Karfreitag, die gruppenteilig behandelt werden können, vertieft (S. 40-43). Dies gilt auch für die Ostertraditionen (S. 44-49), wobei der erste Baustein allgemein in Grundfragen zu Ostern einführt und das Suchbild besonders für jüngere Schülerinnen und Schüler gedacht ist.

Pfingsten ist verbunden mit der Frage, was Kirche und eine gute Gemeinschaft ausmacht (S. 51 f.; hierzu ReliBausteine primar, „Kirche erkunden").
Trinitatis hängt mit der Gottesfrage zusammen, auch wenn die Lehre der Dreifaltigkeit für jüngere Kinder schwer zu verstehen ist. Dies gilt auch für den Hintergrund von Fronleichnam. Der Fronleichnams-Blumenteppich könnte auch für ein Sommerfest kreativ gestalten werden (S. 55).
Beim Johannistag kann neben Johannes dem Täufer die Wirkung eines Lagerfeuers reflektiert werden.
Mariä Himmelfahrt ist in Bayern und im Saarland gesetzlicher Feiertag. Daher wird dieses Fest zum Anlass genommen, über die Bedeutung der Mutter Jesu nachzudenken (S. 57). Ein wenig beachteter Festtag ist Michaelis (S. 58). Die Flügel dienen der Reflexion über das Wirken von Engeln, und was es heißt, ein „Engel für andere" zu sein. Beliebt bei Kindern ist die Vorstellung, einen Schutzengel zu haben.
Erntedank ist den meisten Kindern bekannt, da dieses Fest in vielen Kindertagesstätten mit vorbereitet wird. Hierzu gibt es ein Erntedank-Memory (S. 59f.; siehe das Kapitel „Erntedank" mit Impulsen für einen Erntedankgottesdienst in: ReliBausteine primar, „Schöpfung", S. 74-78).
Ein Feiertag evangelischer Christen ist der Reformationstag, der allerdings in Konkurrenz zu Halloweenpartys steht. Da dieser Tag Mut und keine Angst machen soll, wird ermutigt, über beides nachzudenken und eigene Thesen zu formulieren (S. 61-63; siehe das Kapitel „Reformation" in: ReliBausteine primar, „Unsere Kirchen", S. 48-55).
Allerheiligen und Allerseelen sind katholische Feiertage, die die Erinnerung an Heilige und Verstorbene ins Zentrum stellen. Hier kann das Wort „heilig" bedacht werden.
Sankt Martin ist ein für viele Kinder bekanntes Fest. Hier wird angeregt, das Leben Martins zu bedenken und eine eigene Laterne zu gestalten (S. 66).
Der Ewigkeitssonntag steht als Totengedenktag in Verbindung zu Allerseelen. Hier kann ein Brückenschlag zur Beerdigung und der Betrachtung von Symbolen auf Grabsteinen erfolgen (S. 77f.).
Ein wöchentlicher Feiertag ist der Sonntag. Auch hier ist der Bezug zum Thema „Schöpfung" möglich (siehe ReliBausteine primar, „Schöpfung", S. 28-32).

Lebensfeste werden als „rites de passage" am Übergang von Phasen im Leben eines Menschen gefeiert.
Die *Taufe* steht für viele Christen am Anfang, mit Ausnahme der Kirchen, die sie an ein Bekenntnis binden. Sie gilt als Ritual, in dem das Kind durch einen Gottesdienstes in die Gemeinde eingeführt wird (S. 71). Kinder, die getauft sind, können der eigenen Taufe nachspüren und mit Interviews und Fotos ein Taufbuch gestalten. Weil bei der Taufe bereits ein Bibelspruch Kindern mit auf den Weg gegeben wird, kann mit ungetauften Kindern ein „Biblischer Lebensbegleiter" (S. 72) bedacht werden.
Da die *Erstkommunion* in der Klassenstufe 3 erfolgt, bietet es sich an, das Thema hier zu behandeln und die Kinder, die an ihr teilgenommen haben, zu befragen.
Als Übergangsriten ins Erwachsenenalter gelten die *Firmung* und die *Konfirmation* (S. 74f.). Auch hier können Kinder über die Konfirmation oder Firmung von älteren Verwandten berichten.
Wie eine *Trauung* abläuft, kann bei Kindern erfragt werden, die bereits eine erlebt haben. Obwohl viele Kinder die Scheidung kennen und aus Patchwork-Familien stammen, kann dennoch mit ihnen über das Thema „gute Ehe" gesprochen werden.
Ein sensibles Thema ist die *Beerdigung*. Da die Trauerfeier die Funktion hat, den Tod des Verstorbenen zu begreifen, sollte darüber gesprochen werden. Allerdings kommt es immer wieder vor, dass Kinder im Grundschulalter von Elternseite nicht an einer Bestattung teilnehmen dürfen. Der Reflexion der Trauerrituale dient auch die Auseinandersetzung mit Symbolen, die auf Gräbern zu finden sind.
Für die Lebensfeste außer der Beerdigung können die Kinder Gruß- oder Glückwunschkarten gestalten – auch mit den Bildern des Buches (S. 23). Für eine Kondolenzkarte zu einer Beerdigung eignen sich die Symbole auf den Grabsteinen (S. 78).
Für die Schülerhand wird zu den Arbeitsblättern im Buch der Band „Kennst du ... Das Kirchenjahr" als Bilderbuch zum Selbstgestalten angeboten. Hinweise siehe S. 80.

Überblick Kirchenjahr und Lebensfeste

Feste feiern – Zugänge

Titel	Lernende können ...	Schwierigkeit	Seite
Feste feiern	Bilder von Festen im Kirchenjahr und im Leben zuordnen, beschreiben, welche Feste es gibt und ihr Lieblingsfest benennen.	☺	12
Kirchenjahr und Kalenderjahr	das Jahr auf unterschiedliche Weise einteilen.	☺	13
Festzeiten und Feiertage	allgemeine und kirchliche Festzeiten und Feiertage unterscheiden.	☺	14
Das Kirchenjahr – kurz erklärt (Basiskarten)	mithilfe der Informationen das Fest kurz darstellen (gruppenteilig möglich). Bilder und Texte können einander zugeordnet werden.	☺☺	15-17
Der Kirchenjahreskreis	Feste und Festzeiten im Kirchenjahr benennen und zuordnen.	☺	18-19
Das Kirchenjahr im Überblick	Namen und Daten der Feste den Bildern zuordnen.	☺	20
Farben des Kirchenjahres	aufzeigen, welche Farben den Festzeiten zugeordnet werden.	☺☺	21
Was ist das denn für ein Fest?	mithilfe des Liedes Feste des Kirchenjahres benennen. Das Lied kann begleitend zur Unterrichtseinheit „Kirchenjahr" eingesetzt werden.	☺	22
Grußkarten gestalten	Grußkarten zu Kirchenfesten, Glückwunschkarten zu persönlichen Ereignissen oder Kondolenzkarten zu einer Beerdigung gestalten.	☺	23

Kirchenjahr

Titel	Lernende können ...	Schwierigkeit	Seite
Advent	Traditionen zu Advent und eigene Erfahrungen damit wiedergeben sowie den Bezug zu Hilfsaktionen herstellen.	☺☺	24
Wichern und der Adventskranz	anhand der Geschichte von Johann Hinrich Wichern die Ursprünge des Adventskranzes wiedergeben.	☺☺☺	25
Barbara – Lucia – Nikolaus **Erzählungen über Nikolaus**	Gedenktage zuordnen sowie Heiligengeschichten nacherzählen.	☺☺ ☺☺	26-27
Advent und Weihnachten in der Welt **Weihnachtsgruß in vielen Sprachen**	Weihnachtstraditionen in Europa und auf anderen Kontinenten darstellen, Flaggen europäischer Länder gestalten und den Weihnachtsgruß in vielen Sprachen wiedergeben.	☺☺☺ ☺☺	28-31
Weihnachten und Heiligabend	über Erinnerungen an Heiligabend berichten und den Charakter von Weihnachten als Friedensfest deuten.	☺☺	32
Franziskus und die Weihnachtskrippe	die Herkunft der Krippentradition auf Franz von Assisi zurückführen und erläutern, was er durch den Bau von Krippen bewirken wollte.	☺☺☺	33
Silvester und Neujahr	Hintergründe der Feste darstellen und eigene Vorhaben formulieren.	☺	34
Epiphanias oder Dreikönigstag	über die Sternsinger Auskunft geben und deren Projekte ermitteln.	☺☺	35
Fastnacht, Fasching, Karneval; Fastnachtskleidung	sich über Fastnacht und die Freude am Verkleiden austauschen.	☺☺☺	36-37
Aschermittwoch **Passionszeit – Sieben Wochen ohne**	das Symbol Asche und die Passionszeit als Nachdenkzeit deuten sowie miteinander klären, worauf man in solchen Zeiten verzichten kann.	☺☺ ☺☺	38-39
Die Karwoche **Palmsonntag** **Gründonnerstag** **Karfreitag**	einen Überblick über die Festtage der Karwoche geben, Traditionen im eigenen Ort ermitteln und die Tiefendimension der Feste erschließen.	☺☺ ☺☺ ☺☺ ☺☺	40-43
Ostern **Osternacht und Osterkerze** **Osterbräuche – Suchbild** **Osterstrauß und Osterei** **Osterlamm und Osterhase**	Ostern als Fest des Lebens benennen und Festtraditionen im eigenen Ort ermitteln; Osterbräuche und deren Hintergrund erläutern.	☺☺ ☺☺ ☺ ☺☺☺ ☺☺☺	44-49

Titel	Lernende können ...	Schwierigkeit	Seite
Christi Himmelfahrt	die Wurzeln des Festes beschreiben und den Begriff „Himmel“ bedenken.	☺☺	50
Pfingsten **Wie soll Kirche sein?**	die Pfingstgeschichte der Bibel nacherzählen, den Charakter von Pfingsten als „Fest der Kirche“ erläutern und darstellen, was Kirche leisten soll.	☺☺ ☺	51-52
Trinitatis oder Dreifaltigkeitsfest	anhand des Festes ihr Gottesbild und die Frage reflektieren, wie Gott, Jesus und der Heilige Geist zusammengehören.	☺☺☺	53
Fronleichnam **Blumenteppich**	die Bedeutung der Eucharistie für das Fest beschreiben, den Blumenteppich Fronleichnam zuordnen und selbst einen gestalten.	☺☺☺ ☺	54-55
Johannistag	den Ursprung des Johannisfeuers erläutern.	☺☺	56
Mariä Himmelfahrt	unterschiedliche Marienfeste benennen und die Rolle Marias für die katholische Kirche darstellen.	☺☺☺	57
Michaelis	sich über den Glauben an Engel austauschen.	☺	58
Erntedank **Erntedank-Memory**	der Erntedanktradition im Ort nachspüren und Ideen sammeln, was man für die Schöpfung tun kann.	☺☺ ☺	59-60
Reformationstag **Meine Streitsätze** **Und was ist mit Halloween?**	die Wurzeln des Reformationstages sowie dessen Bedeutung als „Mutmachtag“ im Unterschied zu Halloween darstellen und eigene Streitsätze formulieren.	☺☺ ☺ ☺☺☺	61-63
Allerheiligen **Namenstage**	aufzeigen, was nach katholischem und evangelischem Verständnis „Heilige“ sind und den eigenen Namenstag ermitteln.	☺☺	64-65
Sankt Martin	das Besondere an Martin von Tours herausstellen und eine Martinslaterne gestalten.	☺☺	66
Buß- und Bettag	reflektieren, was beten und umkehren (Buße) bedeutet, sowie nur für sich persönliche Umkehr-Gedanken formulieren.	☺☺	67
Ewigkeitssonntag oder Christkönigstag	Ideen entwickeln, wie man an Verstorbene erinnern kann, und erkunden, wie Allerseelen, der Volkstrauertag und der Ewigkeitssonntag im Ort gefeiert werden.	☺☺	68
Sonntag – Feiertag der Woche	den Hintergrund des Sonntags als Ruhetag darstellen und aufzeigen, wofür Ruhe gut ist.	☺☺	69

Lebensfeste

Titel	Lernende können ...	Schwierigkeit	Seite
Lebensfeste	einen Überblick über die Feste im Leben (rites de passage) geben, Bilder den Festen zuordnen und den Sinn der Lebensfeste reflektieren.	☺	70
Taufe	Tauftraditionen unterscheiden und eruieren, was bei ihrer eigenen Taufe geschah.	☺☺	71
Biblische Lebensbegleiter	für sich einen Bibelspruch bestimmen, der durchs Leben begleitet.	☺	72
Erstkommunion	den Zusammenhang von Eucharistie und Erstkommunion erläutern.	☺☺☺	73
Firmung	die Verbindung von Taufe, Erstkommunion und Firmung darstellen und ermitteln, wie diese Feste im Umfeld gefeiert werden.	☺☺☺	74
Konfirmation	aufzeigen, wie Konfirmand/innen auf die Feier vorbereitet werden, sowie Rechte nach der Konfirmation aufzeigen.	☺☺	75
Trauung	benennen, was für sie zu einer guten Ehe gehört, und recherchieren, wie Trauungen im eigenen Umfeld gefeiert wurden.	☺☺	76
Beerdigung	erläutern, welche Funktion eine Beerdigung hat und worauf aus ihrer Sicht bei einer Beerdigung geachtet werden soll.	☺☺	77
Was Grabsteine erzählen	Symbole auf Grabsteinen deuten.	☺☺☺	78
Geburtstag	eine Recherche zum Tag ihrer Geburt gestalten und ausdrücken, wie ein idealer Geburtstag aus ihrer Sicht aussehen kann.	☺	79

Feste feiern

....

☞ Schreibe unter die Bilder die Namen der Feste, die du erkennst.

☞ Welche Feste gibt es im Jahr? Nenne sechs Feste und schreibe mit unterschiedlichen Farben, welche Feste religiös sind und welche nicht.

☞ Nenne Lebensfeste, die evangelische und katholische Kinder und Jugendliche feiern.

Welches Fest feierst du am liebsten? Du kannst es hier gestalten.

Kalenderjahr und Kirchenjahr

Das Jahr kann man unterschiedlich einteilen.

- Das **Kalenderjahr** hat zwölf Monate oder .... Tage. In einem Schaltjahr sind es 366 Tage. Es geht vom 1. Januar bis zum 31. Dezember.

- Ein **Schuljahr** geht von Sommerferien zu Sommerferien.

- **Jahreszeiten** gibt es vier. Deren Namen kannst du zu den Bäumen schreiben.

Unser Kalender mit seinen 365 Tagen geht auf den Römer Julius Cäsar zurück. Der lebte vor über 2000 Jahren. Der Kalender war nicht genau. Vor 400 Jahren wurde er unter Papst Gregor XIII. umgestellt. Man hat Schaltjahre hinzugefügt. Alle vier Jahre gibt es daher den 29. Februar.

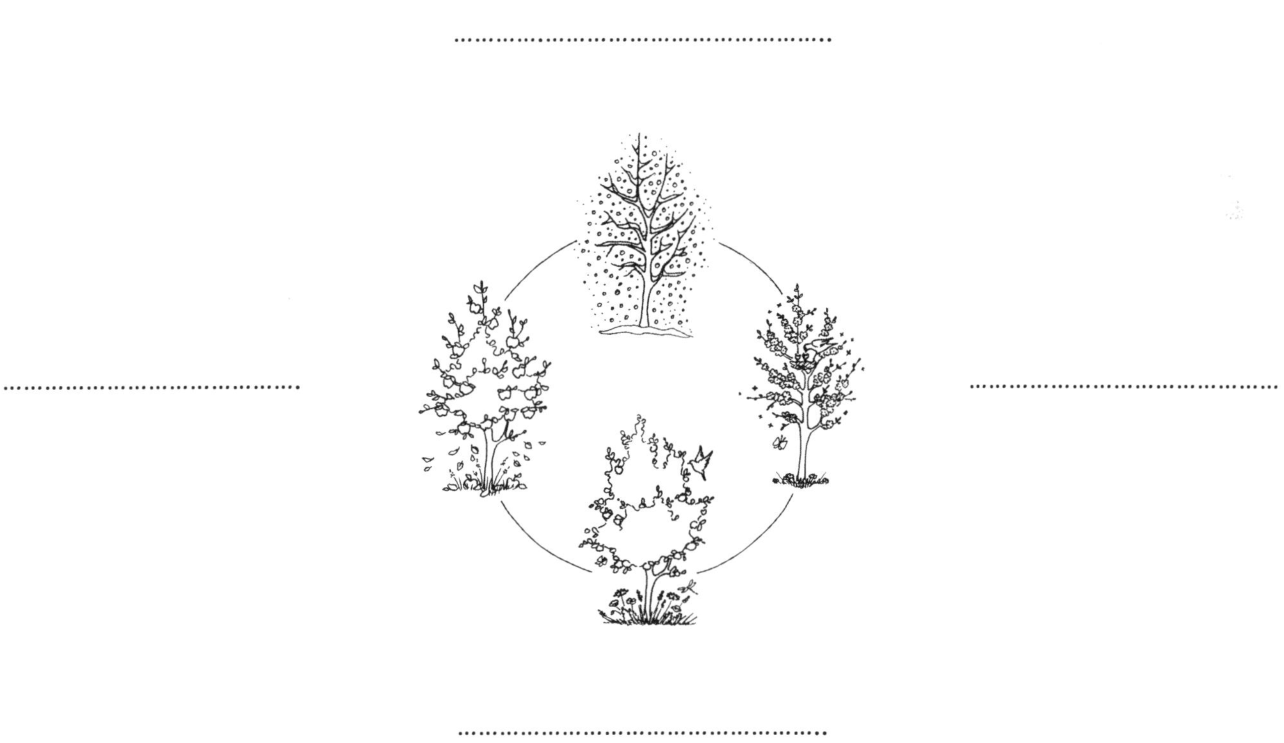

- Das **Kirchenjahr** umfasst zwölf Monate. Es beginnt am ersten Advent. Der liegt am Sonntag nach dem 26. November. Sein Ende ist der Sonntag davor. Evangelische nennen ihn Ewigkeitssonntag. Bei den Katholiken heißt er Christkönigstag.

☞ Fülle die Lücken oben aus.

☞ Fasse zusammen, wie man das Jahr unterteilen kann.

☞ Nenne ein Fest, das zum Kalenderjahr, und eins, das zum Kirchenjahr gehört.

Festzeiten und Feiertage

Im Jahr gibt es viele **Festzeiten und Feiertage**:

- Ein **staatlicher Feiertag** ist der „Tag der deutschen Einheit" am 3. Oktober.
- Feste, die mit der **Natur** zu tun haben, sind Neujahr oder ein Sommerfest.
- Es gibt **persönliche Feste** wie der Geburtstag oder der Hochzeitstag.
- Viele Feste sind **religiöse Feiertage**. Bei uns sind dies die Feste des Kirchenjahres. Die wichtigsten sind Weihnachten, Ostern und Pfingsten. Es gibt dabei feste Termine wie Weihnachten und bewegliche Termine wie Ostern.

☞ Was verbindest du mit folgenden Festtagen:

Geburtstag	Erntedank	Weihnachten
31. Oktober	Pfingsten	Neujahr

☞ Wer einer anderen Religion angehört, feiert ebenfalls Feste, die mit seiner Religion zu tun haben. Befrage hierzu Angehörige anderer Religionen. Schreibe Feste auf, die sie im Jahr feiern. Gemeinsam könnt ihr einen Kalender der Religionen erstellen. Die gibt es aber auch schon fertig im Internet.

☞ Auf dem Kreis siehst du die wichtigsten Feste im Kirchenjahr. Was weißt du über sie?

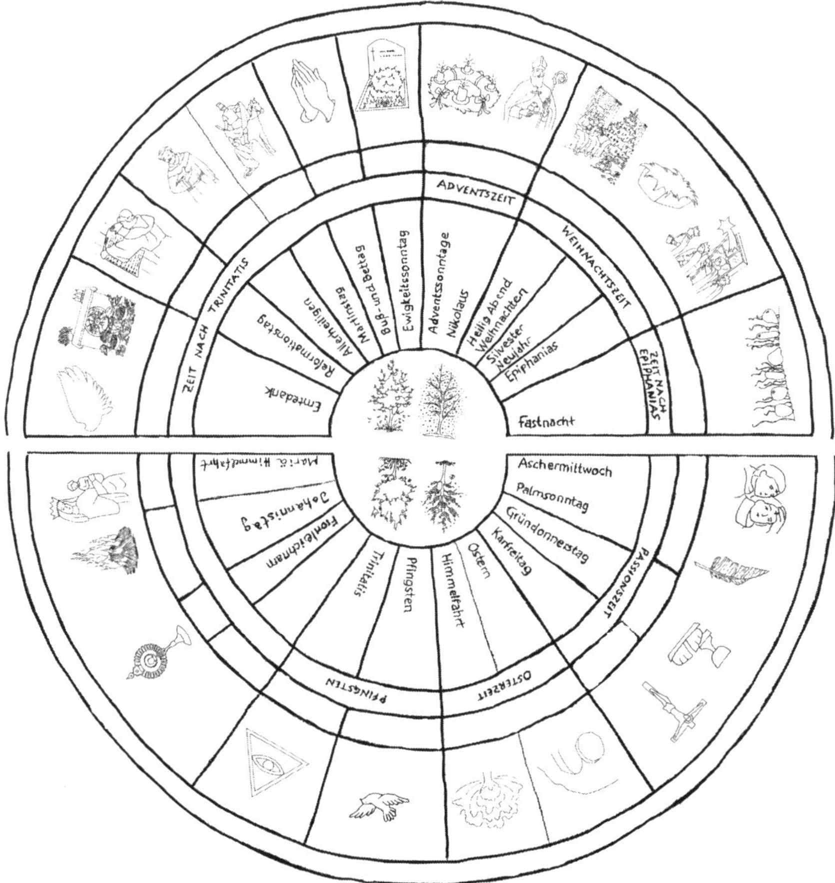

Das Kirchenjahr – kurz erklärt

☞ Gestalte einen Kalender zum Kirchenjahr. Welche der Feste sind gemeinsam, welche evangelisch und welche katholisch? Ihr könnt dies mit Farben markieren.

Advent
bedeutet „Ankunft“. Der erste Advent ist der Anfang des Kirchenjahres. Vier Adventsonntage gibt es. Der Advent ist eine Nachdenkzeit. Man denkt an Jesus, der als Retter in die Welt kam. Ein Symbol ist der Adventskranz mit vier Kerzen.

Nikolaus
ist ein katholischer Gedenktag am 6. Dezember. Auch evangelische Christen feiern ihn. Bischof Nikolaus half vor vielen Jahren armen Menschen. Heute bekommen Kinder Geschenke.

Weihnachten
„Weih“ bedeutet altdeutsch „heilig“. Vom 24. bis zum 26. Dezember feiern Christen die Geburt Jesu. Zuvor lag da ein römischer Feiertag für den Sonnengott. Die Christen übernahmen diesen Tag, denn Jesus ist für sie wie die Sonne, das Licht der Welt.

Epiphanias oder Dreikönigstag
ist ein katholischer Feiertag am 6. Januar. Man denkt an die Weisen aus dem Morgenland und den Stern. Später hat man in den Weisen drei Könige gesehen. Sternsinger sammeln heute am Dreikönigstag für Menschen, die in armen Ländern leben.

Aschermittwoch
Am Aschermittwoch endet Fastnacht und es beginnt die Passionszeit. In den sieben Wochen bis Ostern denkt man an das Leiden Jesu. Früher aß man kein Fleisch und keine Eier. Heute verzichten viele auf etwas anderes, um nachdenken zu können.

Passionszeit
bedeutet „Leidenszeit“. Zwischen Aschermittwoch und Ostern denkt man an den Weg zum Kreuz, an dem Jesus starb. Für Katholiken ist dies eine Fastenzeit. Manche evangelische Christen verzichten in der Zeit auf Fernsehen, Schokolade oder Alkohol.

Palmsonntag
ist der Sonntag vor Ostern. Christen denken an die Geschichte, als Jesus in Jerusalem einzog. Dort sollen die Leute Jesus freudig mit Palmzweigen begrüßt haben. Heute werden in der katholischen Kirche Palmzweige gesegnet.

Gründonnerstag
ist der Donnerstag vor Ostern. Grün kommt vom altdeutschen Wort „greinen" (= weinen). Jesus hat am letzten Abend mit seinen Jüngern gegessen. Er hat ihnen die Füße gewaschen und gesagt, dass er sterben wird. Heute feiert man das Abendmahl. Manchmal gibt es auch die Fußwaschung.

Karfreitag
ist der Freitag vor Ostern. Kar bedeutet „Trauer". Jesus wurde zum Tode verurteilt und gekreuzigt. Viele Christen essen an diesem Tag kein Fleisch und verbringen ihn nachdenklich. In katholischen Gemeinden gibt es oft Ratschen statt Glocken.

Ostern
ist das wichtigste Fest der Christen. Es erinnert daran, dass Jesus von den Toten auferstanden ist. Christen hoffen, dass Gott auch ihnen im Tod beisteht. Deshalb feiern sie Gottesdienste in der Osternacht und an zwei Feiertagen.

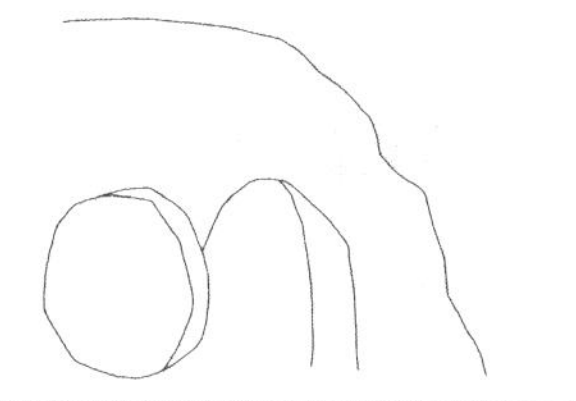

Christi Himmelfahrt
ist 40 Tage nach Ostern. Jesus machte zuvor seinen Jüngern Mut, den Menschen von Gottes Liebe zu erzählen. Danach war er verschwunden. Christen glauben, dass er nun bei Gott im Himmel ist.

Pfingsten
50 Tage nach Ostern („Pentekoste" = griechisch: fünfzig) trafen sich die Freunde Jesu in Jerusalem. Gott gab ihnen Kraft, um anderen von Jesus zu erzählen. Die Taube ist dafür ein Sinnbild. An Pfingsten geht es heute um die christliche Gemeinschaft.

Dreifaltigkeitssonntag (katholisch) oder Trinitatis (evangelisch)
Am Sonntag nach Pfingsten denken Christen darüber nach, wie Gott, Jesus und der Heilige Geist zusammengehören. In Jesus kam Gott als Mensch auf die Welt. Der Heilige Geist Gottes macht Mut und gibt Kraft, einander zu verstehen.

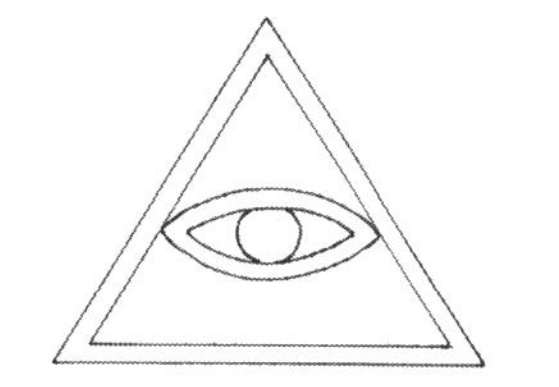

Fronleichnam
ist ein katholischer Feiertag, zehn Tage nach Pfingsten. Der Name bedeutet „lebendiger Leib des Herrn". In einer Prozession wird ein Zeigegefäß (= Monstranz) mit einer Hostie durch die Straßen getragen. Man zeigt damit: Jesus ist mitten unter uns.

Johannistag
Am 24. Juni wird an Johannes den Täufer erinnert. Er war ein Verwandter Jesu, der ein halbes Jahr vor ihm zur Welt gekommen sein soll. Am Fluss Jordan hat er Jesus getauft. In der Nacht vor dem Johannistag gibt es Johannisfeuer und Andachten.

Mariä Himmelfahrt
Am 15. August ist einer der Tage, an denen Katholiken an Maria, die Mutter Jesu erinnern. Sie wird von ihnen auch „Muttergottes“ genannt. Als Heilige ist sie im Himmel nahe bei Gott. Viele katholische Christen beten zu ihr, wenn sie in Not sind.

Michaelis
Am 29. September wird an Engel gedacht. Engel sind Boten Gottes. Michael, Gabriel und Raphael sind nach der Bibel die wichtigsten. Michael ist einer, der gegen das Böse kämpft. Er gilt daher auch als Schutzengel.

Erntedank
Meist am ersten Sonntag im Oktober wird Erntedank gefeiert. In schön geschmückten Kirchen danken Christen Gott für alles, was er geschaffen hat. Und sie denken darüber nach, wie die Welt geschützt und bewahrt werden kann.

Reformationstag
ist ein evangelischer Feiertag am 31. Oktober. Er erinnert an Martin Luther. In der Bibel entdeckte er: Gott liebt alle Menschen, ohne dass sie etwas dafür tun müssen. 1517 soll er 95 Thesen (Streitsätze) an eine Wittenberger Kirchentür geschlagen haben.

Allerheiligen und Allerseelen
feiern Katholiken am 1. und 2. November. Allerheiligen erinnert an Menschen, die von der katholischen Kirche als „Heilige“ angesehen werden. An Allerseelen denken Katholiken an Verstorbene. Ihre Gräber schmückt man mit Kerzen und Blumen.

Martinstag
ist am 11. November. Der heilige Martin war römischer Soldat. Er soll einst seinen Mantel mit einem Bettler geteilt haben. Später wurde er Bischof in der französischen Stadt Tours. Auf Martinsumzügen ziehen Kinder mit Laternen durch die Straßen.

Buß- und Bettag
Das evangelische Fest liegt am vorletzten Mittwoch im November. Man denkt an das, was man falsch gemacht hat. Und man darf Gott um Vergebung und um einen neuen Anfang bitten.

Ewigkeitssonntag oder Christkönigstag
Evangelische Christen nennen den letzten Sonntag des Kirchenjahrs Ewigkeits- oder Totensonntag. Sie erinnern an Menschen, die im vergangenen Jahr verstorben sind. Katholiken nennen den Tag Christkönigstag.

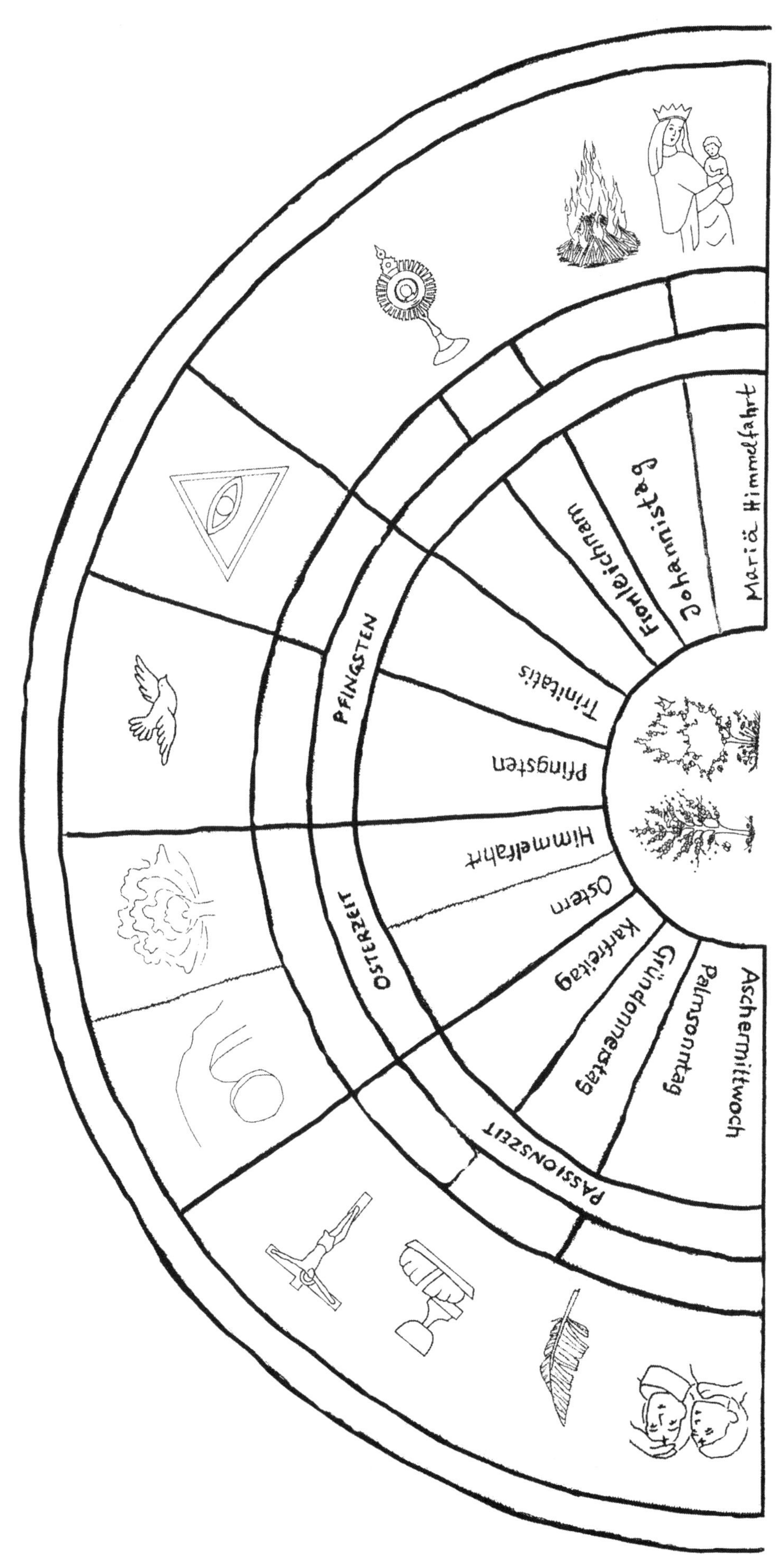
Mariä Himmelfahrt
Johannistag
Fronleichnam
Trinitatis
Pfingsten
Himmelfahrt
Ostern
Karfreitag
Gründonnerstag
Palmsonntag
Aschermittwoch
PFINGSTEN
OSTERZEIT
PASSIONSZEIT

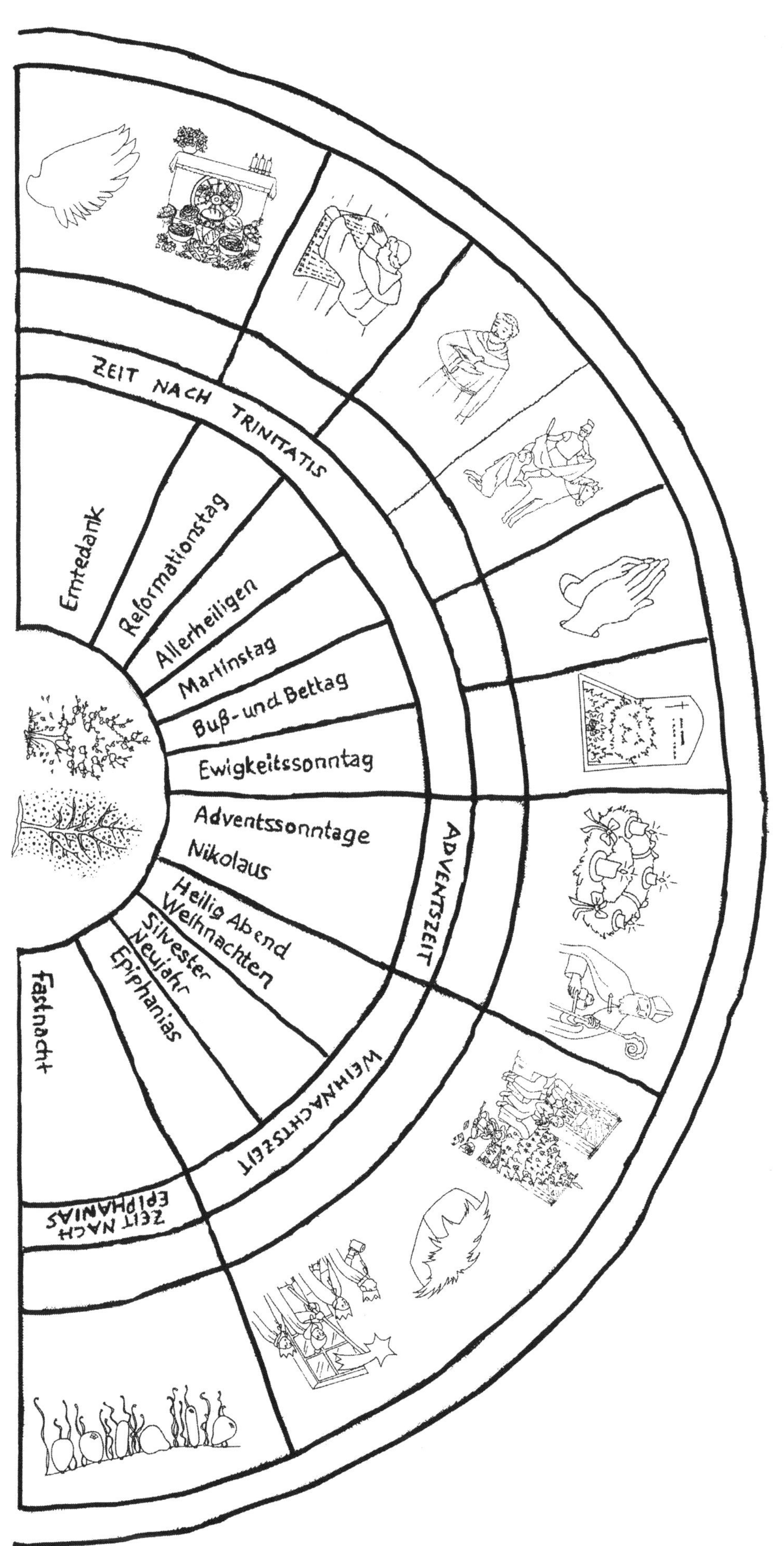
ZEIT NACH TRINITATIS
Erntedank
Reformationstag
Allerheiligen
Martinstag
Buß- und Bettag
Ewigkeitssonntag
Adventssonntage
Nikolaus
Heilig Abend
Weihnachten
Silvester
Neujahr
Epiphanias
Fastnacht
ADVENTSZEIT
WEIHNACHTSZEIT
ZEIT NACH EPIPHANIAS

Das Kirchenjahr im Überblick

Advent		Weihnachten	Epiphanias Dreikönigstag
		24. Dezember	6. Januar
Aschermittwoch	Passionszeit	Palmsonntag	Gründonnerstag
	Ostersonntag	Christi Himmelfahrt	Pfingsten
			Trinitatis
Dreifaltigkeitsfest	Fronleichnam	Johannistag	Mariä Himmelfahrt
		24. Juni	15. August
Michaelis	Erntedank	Reformationstag	
29. September			1. November
Allerseelen		Buß- und Bettag	Ewigkeitssonntag Christkönigstag
2. November	11. November		

☞ Füge folgende Namen und Daten ein: Karfreitag – Nikolaus – Sankt Martin – Allerheiligen – 6. Dezember – 31. Oktober.

☞ Bewegliche Feiertage ändern sich jedes Jahr. Finde für ein Jahr deiner Wahl die Termine und trage sie ein.

Farben des Kirchenjahres

Fünf Farben werden im Kirchenjahr verwendet. In evangelischen Kirchen sieht man Tücher in diesen Farben am Altar und an der Kanzel. In der katholischen Kirche trägt der Priester ein Gewand in diesen Farben.

Weiß steht für Reinheit und Freude. Da sich Christen freuen, dass Jesus in der Welt war, hängt an Christusfesten weiß. Diese Feste sind Weihnachten, Epiphanias oder Dreikönigstag, Ostern, Trinitatis oder Dreifaltigkeitssonntag sowie die katholischen Feste Fronleichnam und Allerheiligen.	
Rot ist die Farbe des Feuers und des Heiligen Geistes. Damit ist eine Kraft gemeint, die Gott den Menschen gibt. Die Farbe wird an Pfingsten bei den Evangelischen am Reformationstag und bei den Katholiken am Palmsonntag sowie am Karfreitag verwendet. Rot ist auch an Kirchenfesten wie der Konfirmation, der Einführung von Pfarrerinnen und Pfarrern (Ordination) oder an der Kirchweih zu sehen.	
Violett ist die Farbe des Nachdenkens und der Stille. Die Farbe wird in Zeiten verwendet, in denen man über sich und die Welt nachdenken soll. Im Kirchenjahr sind dies die Adventszeit vor Weihnachten und die Passionszeit vor Ostern. Nachdenktage sind auch der katholische Feiertag Allerseelen und der evangelische Buß- und Bettag.	
Grün ist die Farbe des Wachsens, der Natur und der Hoffnung. Diese Farbe ist an Erntedank und in Zwischenzeiten zu sehen. Eine dieser Zeiten geht vom 6. Januar bis Aschermittwoch. Eine zweite fängt bei den Evangelischen am Sonntag nach Pfingsten, dem Trinitatistag, an und bei den Katholiken an Fronleichnam. Die Farbe Grün wird bis zum ersten Advent verwendet.	
Schwarz steht für Finsternis und Trauer. Deswegen hängen evangelische Gemeinden ein schwarzes Tuch am Karfreitag oder bei Beerdigungen an die Kanzel oder an den Altar. In katholischen Gemeinden kann dies an Allerseelen (2. November) geschehen.	

☞ Nenne die unterschiedlichen Farben, die an Karfreitag verwendet werden.

☞ Gestalte die rechte Spalte mit den Farben des Kirchenjahres.

☞ Male das Tuch rechts in der Farbe von Pfingsten an.

☞ Erkunde eine evangelische Kirche und prüfe, ob die richtigen Tücher hängen.

Was ist das denn für ein Fest

Text:
Michael Landgraf

Musik:
Reinhard Horn

Relihits,
Lied 48, S. 78

2. An Fastnacht wird die Welt
auf den Kopf gestellt
und in der Fastenzeit,
denkt man an Jesu Leid.
Am Osterfest, ja dann,
ein jeder feiern kann,
dass Jesus auferstand,
im Grab ihn keiner fand.
Refrain

3. An Christi Himmelfahrt
der Abschied, der war hart,
an Pfingsten dann
kam Gottes Geist heran.
Im Herbst da geht es weiter,
an Erntedank, ganz heiter.
Wir danken Gott
für das täglich Brot.
Refrain

4. Am Tag der Reformation
steht dann auch schon,
Allerheilgen hier
vor unserer Tür.
Am Ende denkt man
an Verstorbene dann,
sowie die Zeit
und die Ewigkeit.
Refrain

☞ Nenne die Feste im Kirchenjahr, die genannt werden. Was weißt du darüber?

☞ Welche Feste gibt es noch?

Grußkarten gestalten

Karten werden zu vielen Anlässen geschrieben, am häufigsten zum Geburtstag und zu Weihnachten. In England werden Weihnachtskarten auf eine Leine aufgehängt und jeder darf sie bestaunen. Das Anfertigen einer Karte ist etwas Besonderes.

Liebe Lisa,
ich wünsche dir
eine ruhige und besinnliche
Zeit im Advent und
frohe Weihnachten.

Deine Lena

☞ Was zeigt es für dich, wenn jemand dir eine Gruß- oder Glückwunschkarte schreibt?

☞ Bei der Suche nach einem Motiv für eine Osterkarte entdeckst du diese vier Bilder. Für welches würdest du dich entscheiden?

☞ Du kannst auch einfach so eine Grußkarte schreiben und diesen Rahmen nehmen oder einen eigenen gestalten.

Advent

Das Kirchenjahr beginnt mit dem ersten Advent. Das lateinische Wort Advent bedeutet „Ankunft". Der erste Advent ist der Sonntag nach dem 26. November. An den vier Adventssonntagen soll an die Ankunft von Jesus in der Welt gedacht werden. Auch beginnen Hilfsaktionen für Menschen, denen es nicht gut geht – zum Beispiel von „Brot für die Welt" (evangelisch) und von „Misereor" (katholisch).

In der Adventszeit erinnern Katholiken an Heilige wie Barbara (4. Dezember), Nikolaus (6. Dezember) und Lucia (13. Dezember). Ein wichtiges Symbol ist der Adventskranz mit vier Kerzen. An jedem Adventssonntag wird eine Kerze mehr angezündet. Erfunden hat ihn Johann Hinrich Wichern, der bei Hamburg ein Heim für Waisen geleitet hat. Auch gibt es Adventskalender mit 24 Türen.

☞ Beschreibe, was du auf dem Bild erkennst.

☞ Was magst du im Advent am liebsten machen?

☞ Advent ist eine Zeit des Nachdenkens. Was meint das?

☞ Erkundige dich, welche Aktionen „Brot für die Welt" und „Misereor" durchführen.

Wichern und der Adventskranz

Seit wann gibt es den Adventskranz? Davon erzählt folgende Geschichte:

Es war der erste Advent vor etwa 180 Jahren. Johann Hinrich Wichern leitete ein Waisenhaus und schrieb gerade eine Andacht für die Kinder. Dabei dachte er über sein Leben nach. Johann war das Älteste von acht Kindern. Sein Vater starb, als er 15 Jahre alt war. Nun musste er für seine Geschwister sorgen und konnte nicht mehr zur Schule gehen. Johann arbeitete als Erzieher. Er spürte, dass ihm diese Arbeit nicht genügte. Abends nach der Arbeit besuchte er die Schule. Nach seinem Abitur gaben ihm Freunde Geld für die Universität. Er wollte unbedingt Pfarrer werden.

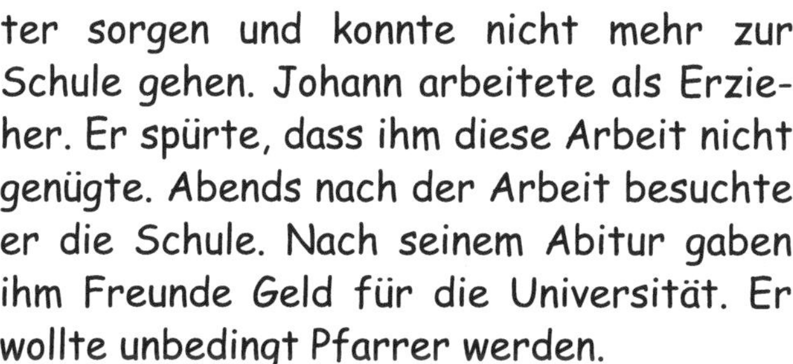

Nach seinem Studium arbeitete Johann im Hamburger Stadtteil Sankt Georg. Dort lebten die Ärmsten der Armen. Kindern, die nicht zur Schule gehen konnten, brachte er Lesen, Schreiben und Rechnen bei.

Er hatte eine Idee. Mit Freunden sammelte er Geld für ein Haus. In ihm wollte er Waisenkinder aufnehmen, die auf der Straße leben. Sie sollten ein Heim haben und zur Schule gehen können. Er kaufte einen alten Bauernhof. Dieser hieß wegen seiner roten Ziegel das „Rauhe Haus". „Rauh" bedeutet auf Norddeutsch „Rot". Täglich fragte er sich: „Woher bekommen wir Geld für Essen? Wie können wir mehr Kinder aufnehmen? Wer unterstützt uns?" Plötzlich erinnerte er sich, dass die Kinder jeden Tag ungeduldig fragten: „Wann ist endlich Weihnachten?" Da kam er auf eine Idee:

„Warum zünde ich nicht vor Weihnachten jeden Tag ein Licht mehr an?" Die Idee ließ ihn nicht mehr los. Er entdeckte draußen ein Wagenrad aus Holz. Darauf befestigte er Kerzen. Für die vier Sonntage nahm er große, weiße Kerzen. Und für die verbleibenden Wochentage befestigte er kleinere rote Kerzen. Am nächsten Morgen ließ er das Rad in den Versammlungsraum bringen. Die Kinder überlegten, was das bedeuten könnte. Ein paar zählten die Kerzen und riefen: „An so vielen Tagen ist Weihnachten." Johann erklärte: „Die Kerzen helfen euch, die Tage zu zählen. Wenn wir jeden Tag eine Kerze mehr anzünden, dann wird es immer heller. Und am hellsten scheint das Licht an Weihnachten. An diesem Tag erinnern wir uns, dass Gott in die Dunkelheit der Welt Jesus gesandt hat. Daher nennt die Bibel ihn das ‚Licht der Welt'. Der Adventskranz zeigt euch also: Gott kann eure Welt hell machen."

Die Idee Johann Hinrich Wicherns ging bald um die Welt. Weil aber nicht in jedes Wohnzimmer ein großes Wagenrad passt, hat man den kleinen Adventskranz erfunden. Und weil auf so einen kleinen Adventskranz auch keine 24 Kerzen passen, hat man nur noch vier verwendet – für jeden Adventssonntag eine.

☞ Fasse zusammen, warum Johann Hinrich Wichern den Adventskranz erfunden hat.

☞ Der erste Adventskranz war aus einem Wagenrad gemacht. Sammelt Ideen, wie man Adventskränze gestalten kann.

Barbara – Lucia – Nikolaus

Im Advent erinnern katholische Christen an Heilige. Am 4. Dezember ist das Fest der **Heiligen Barbara**. Ihr Zeichen sind Forsythien-Zweige. Wenn man sie in eine Vase voller Wasser steckt, blühen sie bis Weihnachten. Am 13. Dezember ist das Fest der **Heiligen Lucia**. Lichter werden angezündet und manchmal weiße Gewänder getragen. Beide Frauen verloren ihr Leben, weil sie an Jesus glaubten. Christen wurden damals im Römischen Reich verfolgt.

Nikolaus wird am 6. Dezember gefeiert. Er war vor 1600 Jahren Bischof in der Stadt Myra. Die liegt heute in der Türkei. Er soll heimlich Menschen in Not geholfen haben. Früher gab es nur an Nikolaus Geschenke und nicht an Weihnachten. Heute stellt man einen Schuhe oder Stiefel vor die Tür, oder ein verkleideter Nikolaus bringt mit seinem Sack Geschenke. Zu Nikolaus gehört auch das Speculatius-Gebäck.

- ☞ Beschreibe, was du auf dem Bild oben erkennst.
- ☞ Wen stellt die Zeichnung rechts dar? ....
- ☞ Was ist deine schönste Erinnerung an einen Nikolaustag?
- ☞ Gestalte einen Stiefel mit Geschenken, die du dir an Nikolaus wünschst.

Erzählungen über Nikolaus

Es gibt viele Erzählungen wie diese über Bischof Nikolaus von Myra:

1. Ein armer Witwer hatte drei Töchter und viele Schulden. Man verlangte von ihm: „Verkaufe eine Tochter an einen reichen Mann." Doch der Mann wollte das nicht. Da sollte er ins Gefängnis. Bischof Nikolaus erfuhr davon. Er hatte vom Kaiser einmal einen goldenen Apfel geschenkt bekommen. Heimlich legte er den Apfel auf die Fensterbank der armen Familie. Die Familie ahnte, dass es Nikolaus war, der ihnen geholfen hat. Mit dem Apfel konnte der Mann die Schulden zurückzahlen und seine Tochter wurde verschont.

2. Nikolaus half einem armen, kranken Mann und seinen Kindern. Sie hatten nichts anzuziehen und kein Essen. Eines Morgens stand ein Sack Kleider vor der Tür und am nächsten ein Sack Essen. Um zu sehen, wer ihnen half, wachte der Mann in der Nacht. Er erwischte Nikolaus, der wieder einen Sack brachte. „Keine Sorge, dir wird es bald wieder gut gehen", sagte Nikolaus und gab ihm den Sack. Darin waren Schuhe und Stiefel, in denen dazu noch Spielzeug steckte. Daher stellt man heute noch Schule und Stiefel vor die Tür.

3. Ein Schiff kam vor der Küste in einen schlimmen Sturm und drohte zu sinken. Die Seeleute beteten. Plötzlich stand ein Fremder am Steuer. Er brachte sie sicher in den Hafen von Myra. Der Fremde verschwand. Die Seeleute gingen in die Kirche, um Gott zu danken. Nikolaus hielt gerade einen Gottesdienst. „Das ist doch der fremde Steuermann", riefen sie. Sie dankten ihm für ihre Rettung. Seither ist Nikolaus der Schutzheilige der Seeleute.

4. Es gab eine schlimme Hungersnot. Da legte ein Schiff mit Weizen am Hafen von Myra an. Es sollte zum Kaiser nach Rom fahren. Bischof Nikolaus bat den Kapitän um hundert Säcke Weizen. Der weigerte sich zunächst, doch Nikolaus sagte: „Keine Sorge. Wenn du in Rom ankommst, wird kein Sack fehlen."
So geschah es und die Menschen in Myra waren gerettet.

☞ Ordne das Bild rechts einer Erzählung zu.

☞ Was sagen die Erzählungen über Bischof Nikolaus aus?

☞ Welche der Legenden findest du am schönsten?

☞ Du kannst Bilder zu den Erzählungen gestalten.

Advent und Weihnachten in der Welt

In **England** grüßt man sich zu Weihnachten mit „Merry Christmas". Wohnungen werden am 24. Dezember mit Mistelzweigen und Papiergirlanden geschmückt. Auf Leinen hängen Postkarten, die man zu Weihnachten bekommen hat. Beim Weihnachtsessen gibt es meist Geflügel, zum Nachtisch süßen Christmas Pudding oder für Erwachsene Plumpudding mit Rum. Kinder dürfen sich verkleiden und mit Zimmerfeuerwerk Lärm machen. In der Nacht zum 25. Dezember bringt der Weihnachtsmann, der „Father Christmas" oder „Santa Claus", Geschenke. Auspacken darf man sie erst am Morgen.

In **Italien** grüßt man sich zu Weihnachten mit „Buon Natale". Geschenke bekommen Kinder mehrmals: Am 6. Dezember gibt es welche von San Nicola, dem Nikolaus, und am 13. Dezember von Santa Lucia. Am 24. Dezember geht man in eine Mitternachtsmesse. Am Morgen des 25. Dezember liegen an der Weihnachtskrippe wieder Geschenke. Das Jesuskind, „il Bambinello Gesu", soll sie gebracht haben. Am 6. Januar erzählt man von Befana, einer Hexe. Die Heiligen Drei Könige sollen sie nach dem Weg nach Bethlehem gefragt haben. Als sie weg waren, wollte Befana selbst dem Jesuskind Geschenke bringen. Weil sie es nicht fand, reitet sie seither mit ihrem Besen umher und bringt Geschenke. Kinder, die etwas angestellt haben, bekommen jedoch ein Stück Kohle.

In **Spanien** grüßt man sich zu Weihnachten mit „Feliz Navidad". Bereits Anfang Dezember werden große Krippen aufgestellt. Der 24. Dezember ist ein Arbeitstag, aber man feiert Mitternacht eine Messe. Am 25. Dezember isst man gemeinsam. Auf den Straßen werden Weihnachtslieder gesungen. Das Haus wird mit Palmzweigen und Lichtern geschmückt. Typisch ist auch das Mandelgebäck.
Wichtig ist der 6. Januar, denn an diesem Tag bringen die Heiligen Drei Könige den Kindern Geschenke. Am Abend zuvor stellt man Schuhe vor die Tür. Am Tag selbst ziehen die Könige durch Straßen und verteilen Süßigkeiten. Oft wird ein Krippenspiel aufgeführt. Auch Kinder können sich an dem Tag als Könige verkleiden. Caspar und Melchior tragen Kronen, Balthasar trägt einen Turban.

☞ Du kannst die Flaggen der Länder gestalten. Finde dazu die Farben heraus. Viele Lexika und das Internet bieten dir eine Hilfe.

☞ Fasse zusammen, was für dich das Wichtigste an jedem Fest ist.

☞ Gestalte Bilder zu den Festen.

Advent und Weihnachten in der Welt

In **Frankreich** grüßt man sich zu Weihnachten mit „Joyeux Noël". Gefeiert wird in der Nacht vom 24. auf den 25. Dezember. In der Wohnung steht nur die Weihnachtskrippe. Man macht ein Feuerwerk und geht an Mitternacht in den Gottesdienst. Zuvor bereitet man Schuhe oder Strümpfe vor, damit der Weihnachtsmann, „Pére Noël" genannt, etwas hineintun kann. Wieder zu Hause, isst man Geflügel, das mit Maronen gefüllt ist. Zum Nachtisch gibt es den Weihnachtskuchen, den „Bûche de Noël".

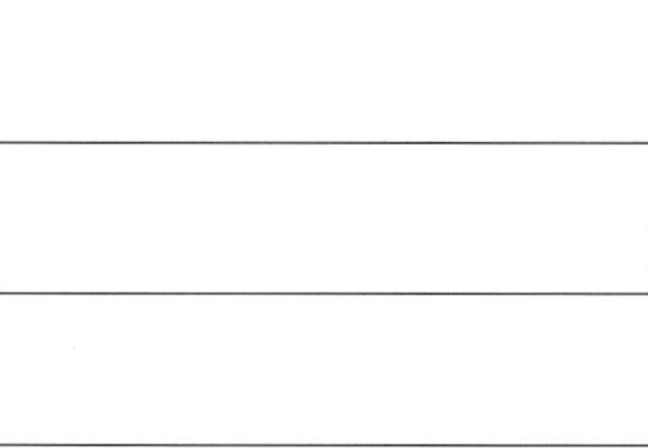

In den **Niederlanden** grüßt man sich zu Weihnachten mit „Gelukkig Kerstfeest". Gefeiert wird am 25. Dezember. Allerdings gibt es da kaum Geschenke. Die gibt es am 5. Dezember vom Sinterklaas, dem Nikolaus. Er trägt das Gewand eines Bischofs mit Mantel, Bischofshut und Stab. Sein Begleiter ist der „Swarte Piet", der „Schwarze Peter". Der Sintaklaas hat ein Buch dabei. Darin sollen alle Taten der Kinder aufgeschrieben sein.

In **Schweden** grüßt man sich zu Weihnachten mit „God Jul". Gefeiert wird zwischen dem 24. Dezember und dem 6. Januar. Bereits am 13. Dezember ist das Lucia-Fest. Ein Mädchen darf einen Kranz mit Lichtern auf dem Kopf tragen und Kindern Gebäck und Schokolade schenken. An Weihnachten stehen in der Wohnung ein Baum und ein Julbock aus Stroh, der aussieht wie eine Ziege. Man isst Julkuchen, ein Gebäck mit viel Zimt. Geschenke heißen Julklapp. Man sagt: Die Geschenke bringt ein Wichtel namens Jultomte.

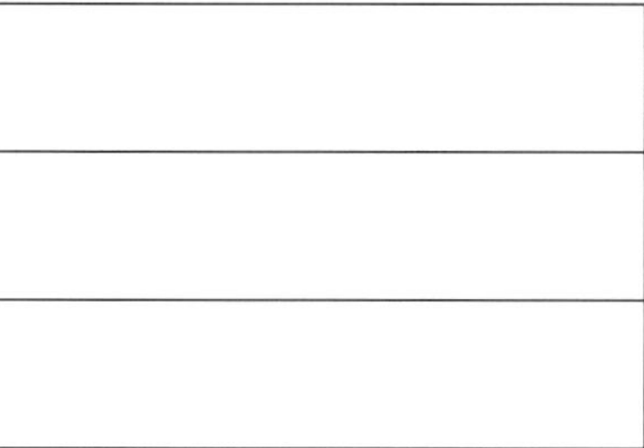

In **Russland** grüßt man sich zu Weihnachten mit „Pozdravlaju rozhdestvom". Die orthodoxe Kirche feiert am 6. Januar Weihnachten. Kinder hängen Strümpfe auf, damit der „Väterchen Frost" Geschenke hineinlegt. Begleitet wird er von der Schneekönigin Snegúrotschka oder von einer alten Frau, der Babuschka. Weihnachtssänger ziehen durch die Straßen. Gerne wird Tee getrunken und Piroggen gegessen, das sind Kuchen mit Äpfeln drin. Neujahr wird aber mehr gefeiert. Weihnachtsbäume heißen Neujahrstannen.

☞ Du kannst die Flaggen der Länder gestalten. Finde dazu die Farben heraus. Viele Lexika und das Internet biete dir eine Hilfe.

☞ Fasse zusammen, was für dich das Wichtigste an jedem Fest ist.

☞ Gestalte Bilder zu den Festen.

Advent und Weihnachten in der Welt

USA: „Christmas" wird am 25. Dezember gefeiert. Es heißt, dass der Weihnachtsmann, der Santa Claus, mit seinem Rentier-Schlitten vom Nordpol kommt und Geschenke bringt. Weihnachtsbäume werden aufgestellt und Weihnachtskarten verschickt. Städte sind hell erleuchtet. Auf der Straße werden Weihnachtslieder gesungen und für arme Menschen gesammelt. Viele „Christmas-Shops" sind das ganze Jahr über geöffnet.

Peru (Südamerika): An Weihnachten ist es Sommer. Am ersten Advent werden Krippen in Häusern, Kirchen und auf Plätzen aufgebaut. Die Figuren tragen oft Ponchos. Statt Ochse und Esel ist ein Lama zu sehen. Erst an Mitternacht am 24. Dezember wird Jesus in die Krippe gelegt. In der Kirche wird ein Gottesdienst gefeiert und dann ein großes Feuerwerk gemacht. An Weihnachten gibt es heiße Schokolade und einen besonderen Kuchen, den Panetón. Das ist eine Hefekuchen mit Früchten drin.

Tansania (Afrika): An Weihnachten hat es meist über 30 Grad. Im Haus und auf den Straßen hängen Lichterketten. Als Weihnachtsgeschenk gibt es neue Kleider, die in den Gottesdiensten an Heiligabend und am 25. Dezember getragen werden. Es wird fröhlich gesungen und gegessen. Meist gibt es Pilau, Reis mit Huhn oder Rindfleisch, gewürzt mit Zimt und Kardamom. Auch gibt es süße Krapfen, Mandazi genannt.

Libanon (Naher Osten): Vor Weihnachten werden Krippen aus Olivenholz aufgestellt. Die Kirche wird besonders geschmückt. Der 25. Dezember ist ein offizieller Feiertag. Viele Muslime feiern Weihnachten mit ihren christlichen Nachbarn. Zu essen gibt es oft „Kubbeh", ein gebratener Weizenbrei mit Fleisch und Zwiebeln.

Korea (Asien): Korea ist das einzige Land in Ostasien, an dem Weihnachten Feiertag ist. Auch Nicht-Christen schicken Weihnachtskarten und beschenken sich. Christen feiern den Tag in der Gemeinde. Es gibt einen Gottesdienst mit Krippenspiel. Dann wird in der Kirche gemeinsam gegessen. Kinder und Jugendliche dürfen dort übernachten. In der Nacht besuchen sie ältere Gemeindeglieder und singen ihnen Weihnachtslieder. Der Weihnachtsmann heißt Santa Haraboji, Großvater Santa.

☞ Woher stammt die Krippe auf dem Bild? Das Tier links ist ein Lama.

☞ Wenn du Mitschüler aus anderen Ländern hast – befrage sie, wie Weihnachten bei ihnen gefeiert wird.

Weihnachtsgruß in vielen Sprachen

Lingala wird im Kongo und Kisuaheli in Tansania gesprochen.
Von Eckart Bücken, Reinhard Horn und Rita Mölders: ReliHits, Lied 50, S. 82

Arabisch: Eiid milad Maschid
Dänisch: Glædelig Jul
Chinesisch: Shin don Kweile
Englisch: Merry Christmas
Finnisch: Hyvää Joulua
Französisch: Joyeux Noël
Griechisch: Kalá Christoúgenna
Indonesisch: Selamat Hari Natal
Irisch: Nollaig Shona Dhuit
Italienisch: Buon Natale
Japanisch: Meri Kurisumasu
Koreanisch: Meri Kurisumasu
Kroatisch: Sretan Božić
Niederländisch: Gelukkig Kerstfeest
Polnisch: Wesołych Świąt Bożego Narodzenia
Portugiesisch: Feliz Natal
Russisch: Pozdravlaju rozhdestvom
Schwedisch: God Jul
Spanisch: Feliz Navidad
Türkisch: Noeliniz kutlu olsun
Vietnamesisch: Chuc Mung giang sinh

☞ Erkunde, welche Sprachen deine Mitschüler sprechen. Ihr könnt sie bitten, den Weihnachtsgruß zu sprechen, damit ihr ihn üben könnt.

☞ Wenn eure Mitschüler andere Sprachen sprechen – fragt sie, welchen Weihnachtsgruß es in ihrer Sprache gibt.

☞ Gestaltet Weihnachtskarten mit den Weihnachtsgrüßen. Ihr könnt die Karten mit Farben der Länderflaggen gestalten. Diese findet ihr im Internet.

Weihnachten und Heiligabend

„Weih" ist ein altdeutsches Wort für „heilig". Weihnachten beginnt mit Heiligabend, dem 24. Dezember, und dauert bis zum 26. Dezember. Man denkt an die Geburt Jesu in Bethlehem, die in zwei Bibelgeschichten vorkommt. Eine (Matthäus 2) erzählt von König Herodes und den Weisen aus dem Osten, die dem Kind Geschenke bringen. Eine andere (Lukas 2) erzählt: Jesus wurde in eine Futterkrippe gelegt und ein Engel kam zu Hirten auf dem Feld. In beiden Geschichten steht: „Jesus ist der Retter der Welt und er bringt Frieden."

Ob Jesus am 25. Dezember zur Welt kam, weiß man nicht. An dem Tag feierten die Römer ihren Sonnengott. Die Christen übernahmen den Tag und feiern Jesus als das Licht der Welt.

Es gibt viele Bräuche. Grüne Christbäume zeigen, dass Gott Leben schenkt. Kerzen am Baum erinnern, dass Gott die Welt hell macht. Die Weihnachtskrippe zeigt Figuren aus den Weihnachtsgeschichten. Geschenke erinnern an die Geschichte von den Weisen aus dem Morgenland.

☞ Beschreibe die Szene auf dem Bild.

☞ Was sind deine schönsten Erinnerungen an Heiligabend und Weihnachten?

☞ Weihnachten gilt als Friedensfest. Was ist damit gemeint?

Franziskus und die Weihnachtskrippe

Seit wann gibt es die Weihnachtskrippe? Sie soll auf Franz von Assisi zurückgehen. Er wird auch Franziskus genannt und lebte vor etwa 800 Jahren in Italien. Die katholische Kirche verehrt ihn als Heiligen. Er war Sohn eines reichen Händlers. Doch ihn störte, dass es Krieg und Armut gab. Mit Freunden wollte er wie Jesus in Armut leben. Er hatte die Idee, den armen Leuten zu zeigen: Auch der Sohn Gottes kam in Armut zur Welt. In einer Höhle baute er den Stall von Bethlehem nach, so, wie er ihn sich vorstellte. Als Jesuskind diente eine Puppe. Arme Leute spielten Maria, Josef, die Hirten, die Weisen aus dem Morgenland und die Engel. Es gab sogar einen Ochsen und einen Esel, auch wenn die in der Weihnachtsgeschichte nicht vorkommen. Bei einem Wettbewerb suchte man die heraus, die am lautesten brüllen konnten.
Die Priester der Umgebung feierten dort Gottesdienste.
Die Idee mit der Weihnachtskrippe breitete sich aus. Zuerst stellte man große Krippen in Kirchen auf. Später gab es dann auch kleine Krippen in Häusern.

☞ Franz von Assisi suchte den Frieden und sprach mit Tieren. Fasse zusammen, was er mit der Krippe wollte.

☞ Gestalte eine Krippe, oder fotografiere die Krippe, die bei euch zu Hause steht, und klebe das Foto oben hinein.

Silvester und Neujahr

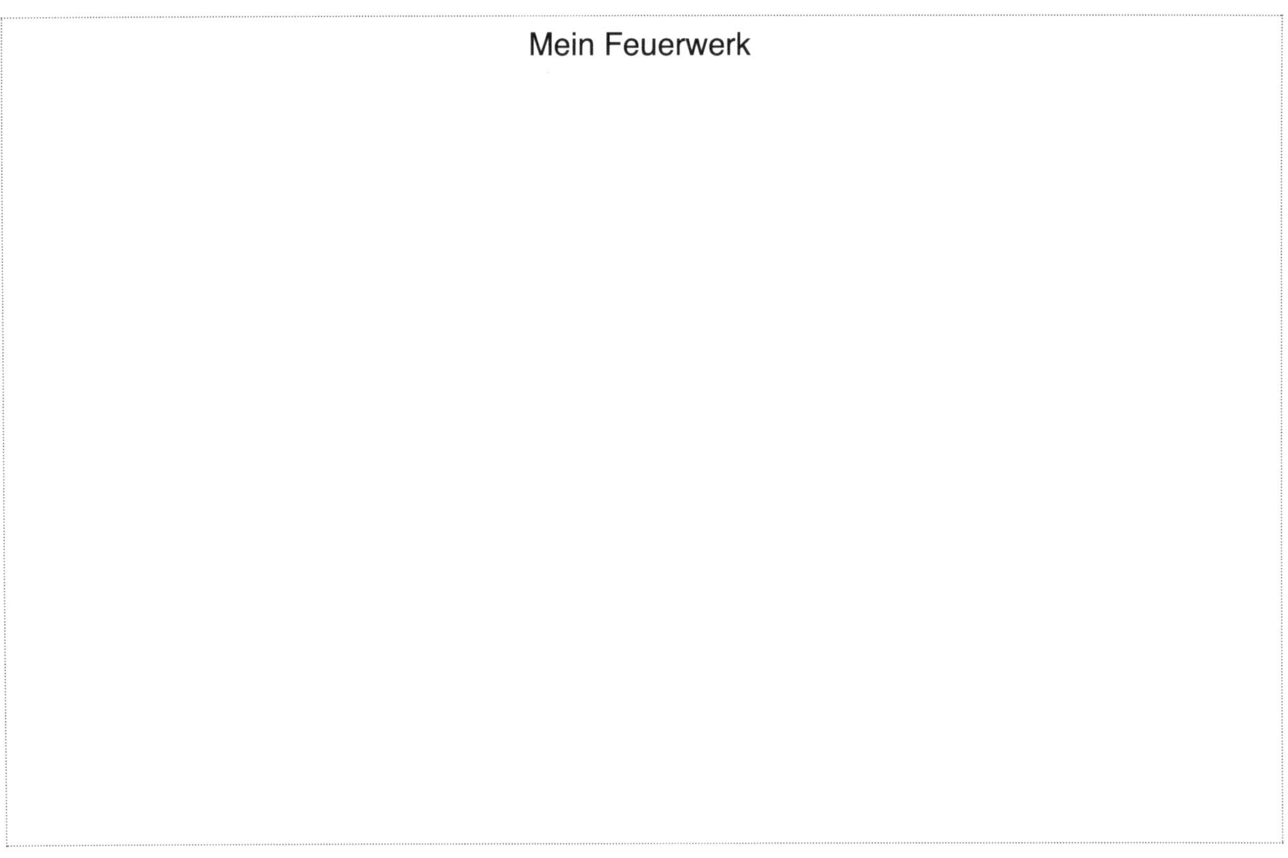

Silvester und Neujahr sind das Ende und der Anfang des Kalenderjahres. Silvester, der 31. Dezember, wird auch Altjahrsabend genannt. Neujahr ist der 1. Januar. Schon die Römer haben den Jahreswechsel vor über 2000 Jahren an diesem Tag eingeführt. Der Name stammt vom Papst Silvester, der am 31. Dezember 335 starb und als Heiliger verehrt wird.

An Silvester wird mit Böllern und Feuerwerk Lärm gemacht. Damit wollte man früher böse Geister vertreiben. Auch Glocken werden um Mitternacht geläutet. Man wünscht sich Glück und einen „guten Rutsch". Das kommt aus dem Hebräischen. „Rosch" heißt „Anfang".

Silvester und Neujahr sind keine kirchlichen Feiertage. Dennoch finden Gottesdienste statt. Am letzten Abend des Kalenderjahrs denkt man über das Vergangene nach. Und an Neujahr nimmt man sich vor, vieles besser zu machen.

☞ Gestalte auf dem Bild oben mit vielen Farben ein Feuerwerk.

☞ Welche Erinnerungen hast du an schöne Silvester- und Neujahrsfeiern?

☞ Was nimmst du dir für das neue Jahr vor?

Epiphanias oder Dreikönigstag

Der 6. Januar ist der katholische Feiertag „Epiphanias". Das griechische Wort bedeutet „Erscheinung des Herrn". Damit ist gemeint: In Jesus erschien Gott den Menschen. Im Mittelpunkt steht die Geschichte von den Weisen aus dem Morgenland. Sie brachten Jesus wertvolle Geschenke, nämlich Gold und die Baumharze Weihrauch und Myrrhe. Weihrauch riecht gut, und Myrrhe wird als Medizin verwendet. Später dachte man: Die Weisen müssen drei Könige gewesen sein. Daher nennt man den Tag auch Dreikönigstag. Vor rund 800 Jahren wurden diesen Königen Namen gegeben: Caspar, Melchior und Bathasar. Man glaubte, dass sie aus Europa, Afrika und Asien kamen.

Heute sammeln am 6. Januar Sternsinger für arme Menschen in der Welt. An den Eingang von Häusern schreiben sie: **C + M + B**. Dies bedeutet „Christus Mansionem Benedicat", „Christus segne dieses Haus". Viele meinen aber, es wären die Anfangsbuchstaben der Namen der Heiligen Drei Könige.

☞ Beschreibe die Szene auf dem Bild.

☞ Was bedeutet 20 – C + M + B – 19?

☞ Jedes Jahr sammeln die Sternsinger für ein besonderes Projekt. Erkundige dich, wofür in diesem Jahr gesammelt wurde.

Fastnacht – Fasching – Karneval

Fastnacht, auch Fasching oder Karneval genannt, ist kein kirchliches Fest. Es wird vor allem in katholischen Gebieten gefeiert. Fastnacht war ursprünglich nur die Nacht vor Aschermittwoch. Heute ziehen Leute Kostüme an, feiern und lachen über sich und andere.

Der Donnerstag vor Aschermittwoch heißt Weiberfastnacht. An ihm stehen Frauen im Mittelpunkt. Da sie früher wenig bestimmen durften, stellte man so die Welt auf den Kopf. Auch übergeben Bürgermeister an dem Tag oft den Rathausschlüssel an Narren.

Am Rosenmontag gibt es in Städten wie Mainz, Köln und Düsseldorf große Umzüge. Anderswo finden sie am Sonntag oder am Dienstag statt.

Man feiert deswegen so ausgelassen, weil mit dem Aschermittwoch eine 40 Tage lange Fastenzeit beginnt. Dies zeigt auch das Wort Karneval: „Carne vale" bedeutet „Fleisch – lebe wohl!"

☞ Wenn du schon einmal verkleidet warst: Beschreibe deine liebste Verkleidung.

☞ Was ist für dich das Besondere an der Fastnachtszeit?

☞ Es gibt auch viele, die es ablehnen, Fastnacht zu feiern. Welche Gründe könnte es dafür geben?

Meine Fastnachtskleidung

☞ Beschreibe, was am Verkleiden Freude (oder keine Freude) macht.

☞ Gestalte die Figuren mit Fastnachtskleidung, die dir gefallen würde.

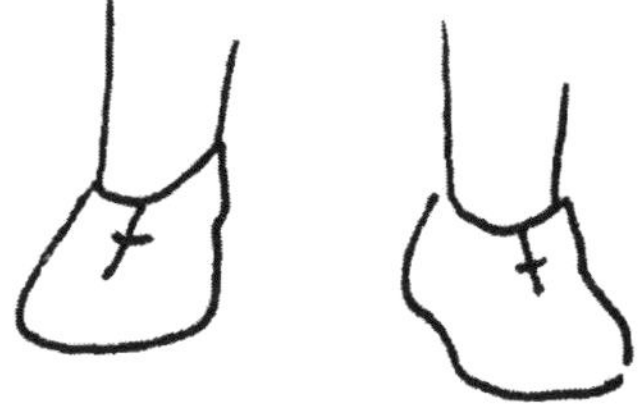

Aschermittwoch

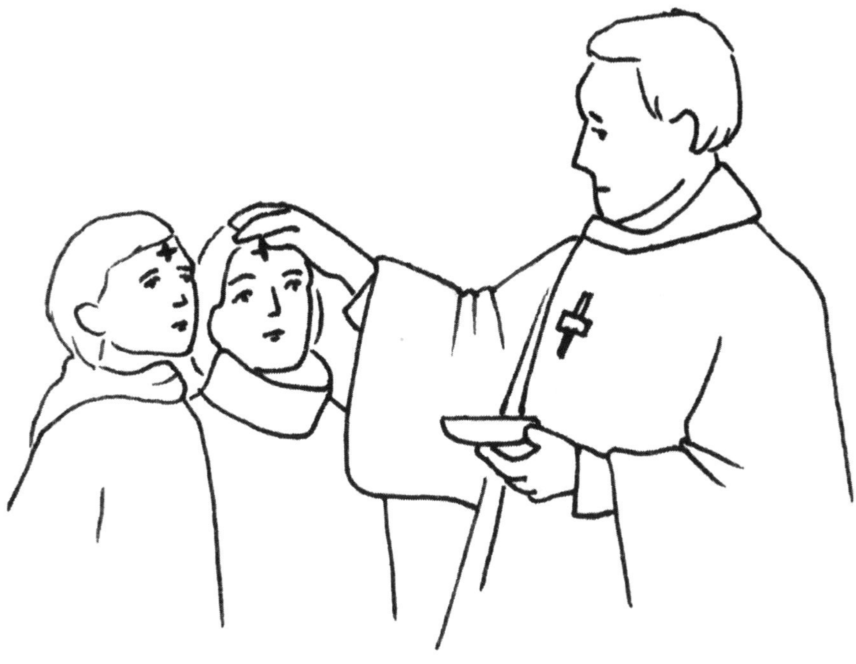

Mit dem Aschermittwoch fängt die Passionszeit an. Das lateinische Wort „Passio" bedeutet „Leiden". Von Aschermittwoch bis Karsamstag wird über das Leiden und Sterben Jesu nachgedacht. Dazu soll man fasten. Ausgenommen sind die Sonntage. Schon früher verzichtete man auf Fleisch, Eier und Wein. Bei den Evangelischen gibt es die Aktion „Sieben Wochen ohne". Manche verzichten auf Schokolade oder Alkohol, andere aufs Fernsehen oder aufs Autofahren.

Am Aschermittwoch wird in der katholischen Messe mit Asche ein Kreuz auf die Stirn gezeichnet. Asche ist ein altes Zeichen für Veränderung. Daher kommen die biblischen Redenwendungen „In Sack und Asche gehen" oder „Asche auf mein Haupt". Beides bedeutet: „Ich bereue, was ich falsch gemacht habe." Da aus Asche Seife gemacht wurde, zeigt dies, dass man innerlich rein werden will. So bedeutet das Aschekreuz: Auf Vergebung darf hoffen, wer seine Fehler einsieht und sich ändert.

☞ Beschreibe, was du auf dem Bild siehst.

☞ Woran erinnert Asche?

☞ Was lenkt dich am meisten ab, wenn du über etwas nachdenken willst?

Passionszeit – Sieben Wochen ohne

Die Passionszeit geht vom Aschermittwoch bis Karsamstag. Das lateinische Wort „Passio" bedeutet „Leiden". Man denkt über das Leiden und Sterben Jesu nach. 40 Tage soll man auf sein Leben achten. In der katholischen Kirche fasten manche. Daher wird die Zeit auch Fastenzeit genannt. Verzichtet wird auf Fleisch, Eier, Alkohol oder Schokolade.

In der evangelischen Kirche gibt es die Aktion „Sieben Wochen ohne". Manche verzichten aufs Fernsehen, andere aufs Autofahren oder aufs Internet.
An den Sonntagen der Passionszeit wurde nicht gefastet. Sie haben besondere Namen. Einer der Sonntage heißt Lätare – „Freut euch!". An dem Sonntag soll bereits an die Osterfreude gedacht werden.

☞ An das Leiden von Jesus zu denken erinnert daran, dass heute auch noch viele Menschen auf der Welt leiden. Schreibe rund um die Gestalt Jesu oben: Woran können Menschen auf der Welt „leiden"?

☞ Worauf würdest du verzichten, um besser nachdenken zu können? Schreibe dies unten auf.

Die Karwoche

Die Woche zwischen Palmsonntag und Ostersonntag heißt Karwoche. „Kar“ bedeutet auf Altdeutsch „trauern“ und „klagen“. Es wird an die Bibelgeschichte vom Leiden und Sterben Jesu erinnert.

Festtag	Was über den Tag berichtet wird	Zeichen
Palmsonntag	Jesus kam mit seinen Jüngern nach Jerusalem. Die Leute riefen: „Jesus ist unser König.“ Danach ging Jesus in den Tempel. Dort vertrieb er die Händler. Vielen gefiel das nicht. Der Name „Palmsonntag“ kommt daher, weil man dachte, die Menschen haben Jesus mit Palmzweigen begrüßt. Heute werden Palmzweige gesegnet und zu Hause aufgehängt.	
Gründonnerstag	Jesus hielt mit seinen Jüngern das letzte Abendmahl. Er sagte, Brot und Wein sind Zeichen für die Gemeinschaft mit ihm. Nachts waren sie im Garten Gethsemane. Jesus betete, dann kamen Soldaten und verhafteten ihn. „Grün“ kommt vom altdeutschen Wort „greinen“ (= weinen). Heute feiert man abends Gottesdienst mit Abendmahl. Bei Katholiken gibt es oft auch eine Fußwaschung.	
Karfreitag	Jesus wurde geschlagen. Ihm wurde eine Dornenkrone aufgesetzt. Man sagte: „Jesus hat Gott beleidigt“. Pontius Pilatus, der Oberste der Römer, verurteilte ihn zum Tod. Vor der Stadt starb Jesus am Kreuz. Freunde legten ihn in ein Grab. „Kar“ kommt von dem altdeutschen Wort „Trauer“. Der Karfreitag ist ein Ruhetag mit Gottesdiensten. In katholischen Gemeinden gibt es statt Glocken oft Ratschen und Klappern.	
Karsamstag	Jesus lag im Grab. Am Karsamstag wird in der Kirche und zu Hause das Osterfest vorbereitet. Früher hat man an dem Tag Eier bemalt.	
Osternacht und Ostersonntag	Frauen fanden das Grab leer. Zwei Jünger begegneten Jesus beim Dorf Emmaus. Schließlich erkannten auch alle anderen Jünger, dass Jesus von den Toten auferstanden war. In der Nacht und am Morgen gibt es Gottesdienste. Ostern ist das Fest des Lebens. Es wird an die Hoffnung erinnert, dass Gott uns im Tod beistehen kann.	

☞ Nenne den für dich wichtigsten Tag der Karwoche.

☞ Finde heraus: Wie feiert man in deinem Ort die Karwoche?

☞ Gestalte einen Osterwochenkalender. Darin sollen das aktuelle Datum und die Informationen zu den Festtagen stehen.

Palmsonntag

Der Sonntag vor Ostern heißt Palmsonntag. Es ist der sechste Sonntag der Fastenzeit. Die Bibel erzählt: Jesus zog mit seinen Jüngern nach Jerusalem. Er ritt auf einem Esel. Dort haben ihm die Menschen zugerufen: „Hosianna!", das heißt „Rette uns!" Sie dachten: Jesus will König sein und sie von den Römern befreien. Kurz darauf ging Jesus in den Tempel. Dort vertrieb er Händler. Das gefiel einigen Leuten nicht. Sie beschlossen, dass Jesus sterben soll.

Weil man dachte, Jesus sei damals mit Palmzweigen begrüßt worden, nannte man den Tag „Palmsonntag". In katholischen Gottesdiensten werden am Palmsonntag Palmbüschel aus Zweigen gesegnet. Die Büschel gelten als Zeichen des Lebens. Sie werden zu Hause an ein Kreuz oder an Bilder gesteckt.

☞ Beschreibe, was du auf dem Bild oben entdeckst.

☞ Wie kommt der Palmsonntag zu seinem Namen?

☞ Erkundige dich, wie man den Palmsonntag in deinem Ort feiert.

Gründonnerstag

Der Name Gründonnerstag kommt vom altdeutschen Wort „greinen". Das bedeutet „weinen". Die Bibel erzählt: Beim Abendessen mit seinen Jüngern sagte Jesus: „Bald bin ich nicht mehr da. Brot und Wein sollen euch an mich erinnern." Jesus wusch seinen Freunden die Füße. Dann gingen sie in den Garten Gethsemane. Jesus betete, doch seine Jünger schliefen ein. Dann wurde er verhaftet. Ein Jünger hatte ihn verraten.

In Gottesdiensten wird an das letzte gemeinsame Essen Jesu mit seinen Jüngern erinnert. Evangelische feiern das Abendmahl und Katholiken die Eucharistie. Anschließend gibt es manchmal ein gemeinsames Essen, Agape genannt.
In katholischen Gottesdiensten gibt es den Brauch, dass der Priester Leuten die Füße wäscht. Sogar der Papst tut dies. Damit wird gezeigt: Die Kirche soll den Menschen dienen.

☞ Beschreibe, was du auf den Bildern oben siehst.

☞ Welche Bibelgeschichte stellt das Bild rechts dar?

☞ Gemeinsam zu essen, ist immer etwas Besonderes. Was zeigt es, wenn man gemeinsam isst?

Karfreitag

Karfreitag ist ein Tag der Trauer. Das altdeutsche Wort „Kar" bedeutet „trauern" und „klagen". Die Bibel erzählt: Jesus wurde gefangen genommen. Petrus folgte ihm. Doch er leugnete, Jesus zu kennen. Jesus wurde geschlagen und bekam eine Dornenkrone aufgesetzt. Manche sagten: „Jesus hat Gott beleidigt. Er muss sterben." Aber nur die Römer durften Menschen zum Tod verurteilen. Man brachte Jesus zu Pontius Pilatus, dem Obersten der Römer. Der verurteilte ihn zum Tod. Jesus musste sein Kreuz durch die Stadt tragen. Dann starb er am Kreuz.

An Karfreitag wird diese Geschichte im Gottesdienst vorgetragen. Es wird dabei auch an Menschen gedacht, die heute leiden und zu Unrecht sterben. In Kirchen gibt es keinen Blumenschmuck. In vielen katholischen Gemeinden werden Glocken nicht geläutet. Kinder und Jugendliche ziehen mit Ratschen und Klappern umher und machen auf den Gottesdienst aufmerksam. Viele Leute fasten oder essen Fisch statt Fleisch. Ein Gesetz schützt die Ruhe dieses Tages. Laute Partys oder Sportveranstaltungen sind nicht erlaubt.

☞ Was stellt das Bild rechts dar?

☞ Schreibe um das Kreuz, wie sich Trauer anfühlt.

☞ Gestalte das Kreuz mit einer Trauerfarbe.

☞ Was denkt ihr über das Gesetz zum Schutz des Tages?

Ostern

Ostern ist das wichtigste Fest im Kirchenjahr. Es wird zwei Tage gefeiert. Ostern liegt am Sonntag nach dem ersten Vollmond im Frühjahr, zwischen dem 22. März und dem 25. April.

Die Bibel erzählt: Jesus ist an diesem Tag von den Toten auferstanden. Frauen kamen zum Grab, doch der Stein davor war weggerollt. Einer sagte: „Jesus ist auferstanden, er lebt." Die Frauen gingen voller Freude zu den Jüngern. Sie berichteten, was geschehen war. Doch die glaubten ihnen nicht.

Ostern ist das Fest des Lebens, das Menschen Hoffnung macht. Manche haben Angst vor dem Sterben. Andere leiden oder sie glauben, nichts wert zu sein. Ostern soll die Freude am Leben wecken.

Um die Auferstehung zu beschreiben, wird gerne das Bild von der Raupe und dem Schmetterling verwendet. Wie vor der Verwandlung in einen Schmetterling die Raupe nichts vom Leben als Schmetterling weiß, fällt es uns schwer, die Auferstehung zu begreifen.

- ☞ Ostern gilt als Fest des ....
- ☞ Was hat es mit der Raupe und dem Schmetterling auf sich?
- ☞ Gestalte das Bild oben mit Farben, die Freude ausdrücken.

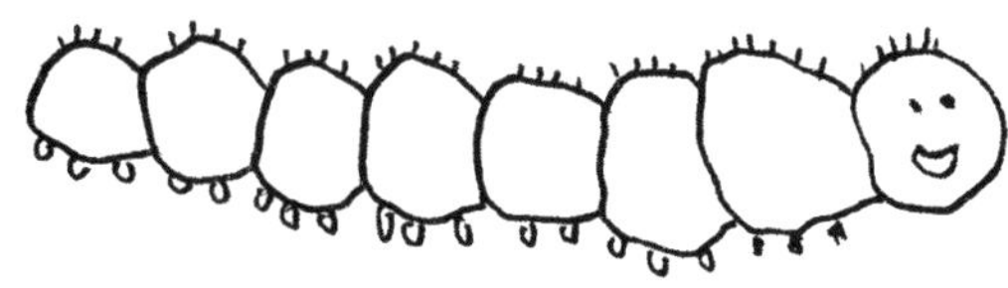

Osternacht, Osterfeuer und Osterkerze

In der Nacht vor Ostern werden in Kirchen oder auf Friedhöfen Gottesdienste gefeiert. Man glaubt: Wie das Licht die Nacht verdrängt, so wird durch Gott der Tod besiegt. Wo es Osterfeuer gibt, wird daran die Osterkerze angezündet. „Christus, das Licht der Welt", wird beim Anzünden gerufen. Oft darf man das Licht mit kleinen Kerzen nach Hause tragen. Am Ostermorgen findet der Festgottesdienst statt. Um die Zeit zu überbrücken, gibt es manchmal ein Osterfrühstück.

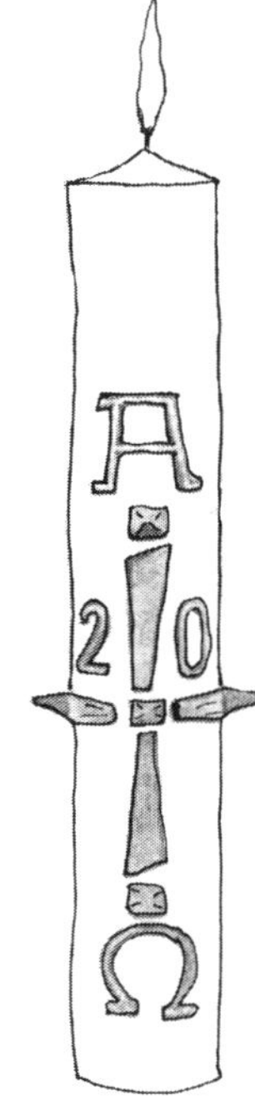

Die **Osterkerze** gibt es schon lange. Licht ist das wichtigste Symbol für Ostern. Jesus wird in der Bibel das „Licht der Welt" genannt (Johannes 8,12). Die Osterkerze steht das Jahr über in der Kirche. Auf ihr kann man entdecken:

- die aktuelle Jahreszahl,
- ein Kreuz und kleine rote Pyramiden, die an Kreuznägel erinnern,
- das Alpha und Omega (A & Ω), der erste und letzte Buchstabe des griechischen Alphabets als Zeichen für Anfang und Ende.

☞ Beschreibe, was du auf dem Bild oben entdeckst.

☞ Warum ist „Licht" für Christen das wichtigste Ostersymbol?

☞ Erkundige dich, wie man bei dir im Ort die Osternacht feiert.

☞ Trage das Jahresdatum auf der Osterkerze ein. Du kannst eine mit eigenen Symbolen gestaltet, die mit der Hoffnung verbunden sind. Welche Ideen hättest du für die Gestaltung einer solchen Osterkerze?

Osterbräuche

Auflösung des Suchbildes „Osterbräuche"

Es gibt viele Osterbräuche. Manche kann man in der Kirche erleben. Dazu zählt die Osternacht, die auf dem Friedhof oder in der Kirche gefeiert wird. Die Osterkerze wird angezündet, und manchmal gibt es ein Osterfeuer. Viele Osterbräuche sind Sinnbilder für Ostern, das ein Fest des Lebens ist. Diese sind:

- ein Osterstrauß aus blühenden Zweigen und Ostereiern wird ins Haus gestellt
- blühende Bäume werden mit Ostereiern behängt
- Ostereier werden bemalt und gesucht
- man schmückt das Haus mit Osterhasen
- ein Osterlamm aus Kuchenteig wird gegessen
-

☞ Wenn dir weitere Osterbräuche einfallen, schreibe sie auf.

Osterbräuche – Suchbild

Osterstrauß und Osterei

Osterstrauß

An Ostern stellen sich viele einen Osterstrauß in die Wohnung. Er besteht aus Zweigen mit Blüten und bemalten Ostereiern. Auch werden blühende Bäume mit angemalten Ostereiern geschmückt. Einen Weltrekord gab es in Saalfeld (Thüringen): Hier wurde ein Baum mit 10.000 Ostereiern behängt.

Das Osterei

Das Ei ist heute das bekannteste Sinnbild für Ostern. Ostereier werden am Sonntagmorgen versteckt, und Kinder dürfen sie suchen.
Ein Ei ist zerbrechlich. Doch in ihm steckt neues Leben. Die ersten Christen sahen im Ei ein Sinnbild dafür, dass Gott Jesus neues Leben geschenkt hat.
Kinder lernten lange Zeit Merksprüche wie diesen:
„Wie der Vogel aus dem Ei gekrochen, wurde Jesu Grab zerbrochen."
Ein weiterer Grund, warum Eier an Ostern verschenkt werden: In der Fastenzeit sieben Wochen vor Ostern durften keine Eier gegessen werden. So gab es vor Ostern viele Eier, die durch Abkochen haltbar gemacht wurden. Bemalt werden Ostereier meist am Ostersamstag. Der Brauch kommt aus dem Osten Europas. Dort bemalt man Eier mit Bildern von Jesus und Heiligen. Oder auch mit roter Farbe und mit den griechischen Buchstaben X (Ch) und A. Das ist die Abkürzung für „Christus ist auferstanden".

☞ Ein grüner Zweig und ein Ei haben eine tiefere Bedeutung. Zeige auf, was du damit verbindest.

☞ Gestalte selbst ein Osterei und zeichne dafür einen Entwurf. Wichtig dabei ist, dass dabei ausgedrückt wird, worum es an Ostern geht.

Osterlamm und Osterhase

Osterlamm

Schafe geben Nahrung (Milch, Käse, Fleisch) und Wolle für Kleidung. In der Bibel galt das Schaf als Sinnbild für das Leben. Lämmer waren auch eine Opfergabe für Gott. Der biblische Propheten Jesaja verwendet das Lamm als Sinnbild für einen, der sich für Gott und die Menschen aufopfert. Christen erkannten später in diesen Worten Jesus. Daher wird Jesus in der Bibel *Lamm Gottes* genannt. Das Osterlamm erinnert an Jesus und seine Auferstehung. Es ist ein Zeichen für die Hoffnung, dass den Menschen neues Leben geschenkt wird.

Osterhase

Vor rund 500 Jahren wurde zum ersten Mal erzählt, dass der Osterhase die Ostereier bringt. Vermutlich war der Grund: Sonst sind Hasen scheu. Im Frühjahr haben sie jedoch Hunger und kommen den Menschen nahe. Da zu Ostern Eier versteckt werden, kam einer auf die Idee, dass der Hase die Eier bringt.

Der Hase ist bekannt für seine Fruchtbarkeit. Wie Ostern war er für die Leute ein Sinnbild für Leben. Auch schläft der Hase mit offenen Augen, da er keine Augenlider hat. Dies soll ein Zeichen für Jesus Christus sein. Nach seiner Auferstehung wacht er über die Menschen und hat für sie ein „offenes Auge".

☞ Was verbindet Lamm und Hase?

☞ Woraus werden heute Osterlämmer und Osterhasen gemacht?

☞ Gestalte diesen oder einen eigenen Osterhasen.

Christi Himmelfahrt

Christi Himmelfahrt wird 40 Tage nach Ostern gefeiert. Es liegt immer an einem Donnerstag. Die Bibel erzählt: Nach Ostern blieb Jesus 40 Tage bei seinen Jüngern. Er sagte ihnen: „Erzählt den Menschen von Gott. Macht ihnen Mut." Danach war Jesus verschwunden. Seine Anhänger glaubten, dass er nun bei Gott ist. Weil man dachte, Gott sei oben im Himmel, nannte man das Ereignis „Christi Himmelfahrt". Jesus sagte aber: „Ich bin bei euch alle Tage, bis zum Ende der Welt" (Matthäus 28,20). Daher glauben Christen, dass er auch bei ihnen ist.

In Gottesdiensten wird an Christi Himmelfahrt über Jesus und den Himmel nachgedacht. Manche Gemeinden gehen dazu in die Natur und feiern Gottesdienst im Grünen.

- ☞ Beschreibe das Bild.
- ☞ An Christi Himmelfahrt wird auch Vatertag gefeiert. Was hat es damit auf sich hat?
- ☞ Schreibe in die Wolke: Was bedeutet für dich „Himmel"?

Pfingsten

Pfingsten liegt 50 Tage nach Ostern. Der griechische Name „Pentekoste" bedeutet „der 50. Tag". Zwei Tage wird gefeiert. Ein Symbol für Pfingsten ist die Taube. Sie steht für den Heiligen Geist. Das ist eine Kraft, die von Gott kommt, Mut gibt und vieles besser verstehen lässt. Die Bibel erzählt: Nach Himmelfahrt zogen die Freunde Jesu nach Jerusalem. Viele Menschen feierten dort gerade ein jüdisches Fest. Die Jünger saßen im Haus und hatten Angst. Plötzlich kam ein Wind auf. Flammen standen über ihnen. Gott gab ihnen durch seinen Heiligen Geist Mut und Kraft. Sie gingen hinaus und erzählten den Leuten von Gott und Jesus. Die Leute kamen aus vielen Ländern. Dennoch verstanden sie die Jünger. Bald darauf gründeten die Freunde Jesu die erste Gemeinde. Sie nannten sich Christen. Daher wird Pfingsten auch als Geburtstag der Kirche gesehen. Heute denkt man in Gottesdiensten über die Kirche nach. Es wird gefragt, wie die Gemeinschaft besser werden kann.

- ☞ Was stellen die drei Bilder der Seite dar?
- ☞ Worum geht es, wenn Menschen Pfingsten feiern?
- ☞ Erkundige dich: Wie wird Pfingsten in deinem Ort gefeiert?

Wie soll Kirche sein?

An Pfingsten wird über die Kirche nachgedacht. Kirche ist nicht nur ein Haus aus Steinen. Sie ist auch wie ein Haus aus Menschen. Doch was ist ihre Aufgabe?

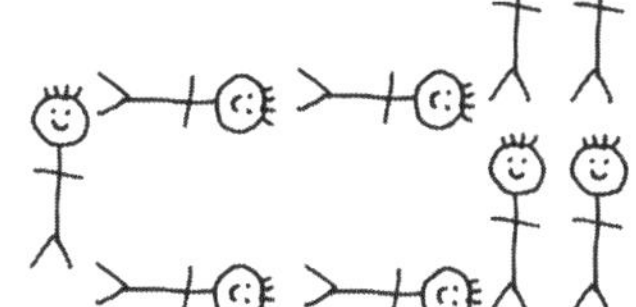

☞ Schreibe deine Gedanken in das Kirchenfenster. Du kannst auch selbst eine Menschenkirche aus Strichmännchen auf ein Poster gestalten und Gedanken der Gruppe präsentieren.

Dreifaltigkeitsfest – Trinitatis

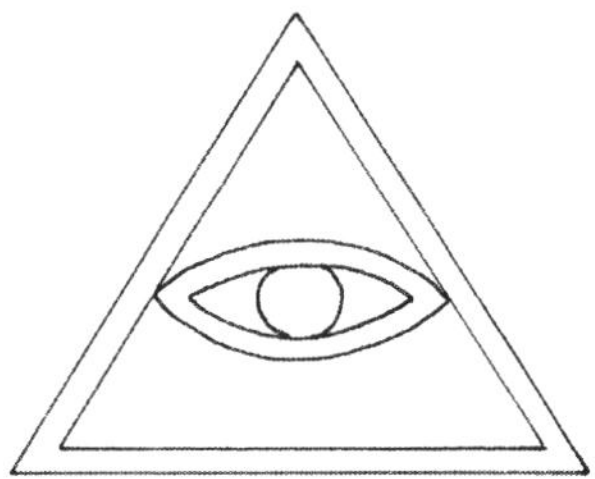

Der Sonntag nach Pfingsten heißt bei Evangelischen „Trinitatis" („Dreiheit") und bei Katholiken „Dreifaltigkeitsfest". An ihm wird gefragt: Wie passen Gott, Jesus Christus und der Heilige Geist zusammen? Christen glauben, es gibt nur einen Gott. Doch zeigt er sich verschieden:

1. Gott zeigt sich als Vater, der die Welt geschaffen hat und sie behütet. In der Bibel stehen daher Bilder wie: Gott ist wie ein Hirte, wie eine feste Burg oder wie ein Vater und eine Mutter.
2. Gott zeigt sich in seinem Sohn Jesus. Dieser lehrte, was Gott will und wie er ist.
3. Gott zeigt sich als Heiliger Geist. Er gibt Mut und Kraft, etwas anzupacken und aufeinander zuzugehen.

Gott als Vater, Sohn und Heiliger Geist gehören also zusammen. Das sagte schon Jesus: „Tauft im Namen des Vaters und des Sohnes und des Heiligen Geistes." Das Zeichen für die Dreieinigkeit ist das Dreieck. Wenn ein Auge darin zu sehen ist, zeigt das: Gott schaut nach uns und steht uns bei.

☞ Oft beginnen Pfarrerinnen und Pfarrer den Gottesdienst mit den Worten: „Im Namen des Vaters und des Sohnes und des Heiligen Geistes – Amen." Was bedeutet dies?

☞ Das Dreieck ist ein altes Zeichen für Gott. Beschreibe die Bilder der Seite.

☞ Schreibe um das Dreieck oben, wie du Gott umschreiben würdest.

Fronleichnam

Fronleichnam ist ein katholischer Feiertag. Er wird im Juni, am Donnerstag nach dem Dreifaltigkeitssonntag (Trinitatis) gefeiert. Das altdeutsche Wort Fronleichnam bedeutet „lebendiger Leib des Herrn". Gemeinden machen Umzüge, Prozessionen genannt. In einem Zeigegefäß, einer Monstranz, wird eine Hostie umhergetragen. So nennt man das katholische Abendmahlsbrot. In Gottesdiensten mit Abendmahl, Eucharistie genannt, wird die Hostie gewandelt. Katholische Christen glauben, dass nach der Wandlung Jesus da ist. Übrig gebliebene Hostien kommen in der Kirche in einen kleinen Schrank, das Tabernakel.

An Fronleichnam führen Katholiken den Menschen ihren Glauben vor Augen. Sie tragen die Hostie umher, um zu zeigen: Jesus ist lebendig unter uns. Oft liegen auf dem Weg Blumenteppiche. Am Ende feiert man in der Kirche die Messe.

- ☞ Beschreibe, was du auf den Bildern der Seite entdeckst.
- ☞ Worum geht es an Fronleichnam?
- ☞ Erkundige dich, wo in deinem Ort die Prozession an Fronleichnam entlanggeht. Wie wird Fronleichnam da gefeiert?

Blumenteppich

☞ Blumen sind ein Zeichen für Sommerfeste. Katholiken legen Blumenteppiche an Fronleichnam. Du kannst das Bild mit vielen Blumen gestalten.

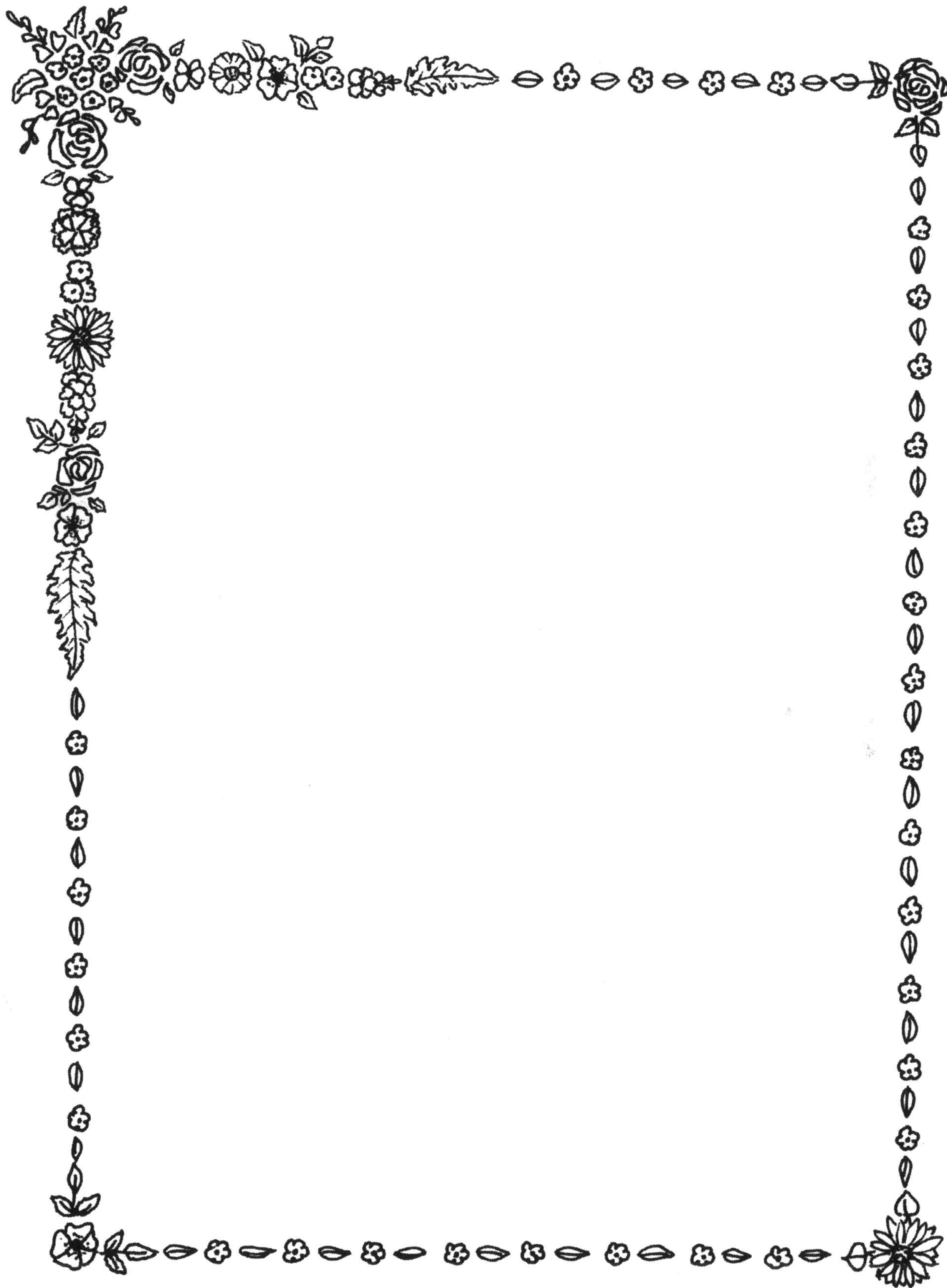

Johannistag

Der Johannistag, der 24. Juni, erinnert an Johannes den Täufer. Er ist ein Vorbote von Jesus. In der Bibel steht: Elisabeth, die Mutter des Johannes, war eine Verwandte von Maria, der Mutter von Jesus. Schon im Bauch seiner Mutter hat er Jesus erkannt. Johannes soll genau sechs Monate vor Jesus zur Welt gekommen sein. Als Jesus erwachsen war, wurde er von Johannes getauft.

Am Abend vor dem Johannistag, also am 23. Juni, werden Johannisfeuer angezündet. Katholische Christen feiern Gottesdienste. Priester segnen das Feuer und sagen Sätze wie: „Zündet das Feuer der Liebe in euch an."

Schon vor dem Christentum hat man an dem Tag große Feuer gemacht. Um diese Zeit ist die Sonnenwende im Sommer. Das meint: Die Sonne steht am höchsten, und es ist der längste Tag im Jahr. Nach dem Tag ist die Johannisbeere benannt, die zu dieser Zeit reift, und das Johanniskraut, weil es gerade blüht.

☞ Beschreibe das Bild oben.

☞ Was empfindest du, wenn du ein Lagerfeuer siehst?

☞ Viele Bauernweisheiten gibt es über diesen Tag. So heißt es:
„Vor dem Johannistag, man Gerste und Hafer nicht loben mag."
Was sind Bauernweisheiten und was bedeuten diese?

Mariä Himmelfahrt

In der katholischen Kirche wird Jesu Mutter Maria als „Muttergottes" verehrt. Am 15. August ist Mariä Himmelfahrt. In manchen Bundesländern sowie in Italien, Frankreich und Spanien ist arbeitsfrei.
Die Bibel erzählt: Ein Engel kam zu Maria und sagte: „Du wirst einen Sohn bekommen, der Jesus heißen soll. Er wird die Welt retten." Zuvor sprach der Engel einen Gruß. Katholiken beten den Gruß als Gebet mit dem Rosenkranz, einer Gebetskette. Es lautet:

„Gegrüßet seist du, Maria, voll der Gnade, der Herr ist mit dir. Du bist gebenedeit (gesegnet) unter den Frauen, und gebenedeit ist die Frucht deines Leibes, Jesus. Heilige Maria, Mutter Gottes, bitte für uns Sünder jetzt und in der Stunde unseres Todes. Amen."
In der katholischen Kirche glaubt man: Maria wurde wie Jesus nach dem Tod in den Himmel aufgenommen. Dort hört sie Gebete. Als Fürsprecherin setzt sie sich bei Gott für die Betenden ein. Sie gilt als liebevolle Mutter.

☞ Welche Rolle spielt Maria für die katholische Kirche? Was denkst du über sie?

☞ Beschreibe das Bild von Maria oben. Wie ist sie dargestellt?

☞ Suche Fotos und Bilder von Maria. Wenn dir eines gut gefällt, kannst du es oben neben das Bild von Maria einkleben.

Michaelis

Michaelis ist ein Fest, an dem über Engel nachgedacht wird. Der Michaelistag ist der 29. September. Der Name kommt vom Engel Michael. Im letzten Buch der Bibel, der Offenbarung, wird berichtet: Michael kämpft für uns Menschen gegen das Böse. Die Bibel beschreibt Engel als Boten Gottes. Der Engel Gabriel brachte die Botschaft von Jesu Geburt. Und der Engel Raphael half einem Mann namens Tobias. Die Engel Michael, Gabriel und Raphael gelten als Erzengel, das heißt „oberste Engel".

Auch Martin Luther glaubte an Engel. Er betete: „Dein heiliger Engel sei mit mir, dass der böse Feind keine Macht an mir finde." Der Satz steht in seinem Morgen- und Abendsegen.

Der Engel Michael galt einst als Schutzengel für Deutschland. Daher spricht man noch vom „deutschen Michel", wenn es um Deutsche geht.

☞ Schreibe rund um die Flügel: Was sind Engel für dich.

☞ Was meint der Glaube an Schutzengel?

☞ „Ein Engel für andere sein." Erzähle, was das bedeuten könnte.

☞ Du kannst mit den Flügel oder ohne sie ein eigenes Engelbild gestalten.

Erntedank

Erntedank wird meist am Sonntag nach dem Michaelistag (29. September) gefeiert. Wo später geerntet wird, kann sich der Termin verschieben.

An Erntedank wird die Kirche mit Obst, Gemüse, Korn oder Brot geschmückt. Diese Gaben werden nach dem Gottesdienst oft an Armenküchen gespendet. Manchmal gibt es ein gemeinsames Mittagessen in der Gemeinde. Im Gottesdienst wird daran erinnert: Gott hat die Welt gemacht und er versorgt uns.

Ein häufig gesungenes Lied ist:

„Alle gute Gabe
kommt her von Gott dem Herrn,
drum dankt ihm, dankt,
drum dankt ihm, dankt,
und hofft auf ihn."

Gemeinsam wird über den Schutz der Umwelt nachgedacht. Weil es Menschen in vielen Ländern nicht gut geht, sammeln Gemeinden für sie. Jeder soll genug zu Essen und sauberes Wasser haben.

☞ Beschreibe, was du auf dem Bild siehst.

☞ Gestalte ein Blatt oder Plakat: Wofür kann man alles danken?

☞ Erkundige dich: Wie wird Erntedank bei dir im Ort gefeiert?

☞ Sammelt Ideen: Was kann für den Schutz der Umwelt getan werden?

Erntedank-Memory

☞ An Erntedank wird über die Welt nachgedacht. Obst, Früchte und Gemüse werden vor den Altar gelegt. Manche dieser Früchte stammen aus unserer Region, andere kommen von weit her. Was weißt du über die Gaben auf den Bildern?

☞ Die Bilder können als Memory gespielt werden, wenn man sie doppelt kopiert.

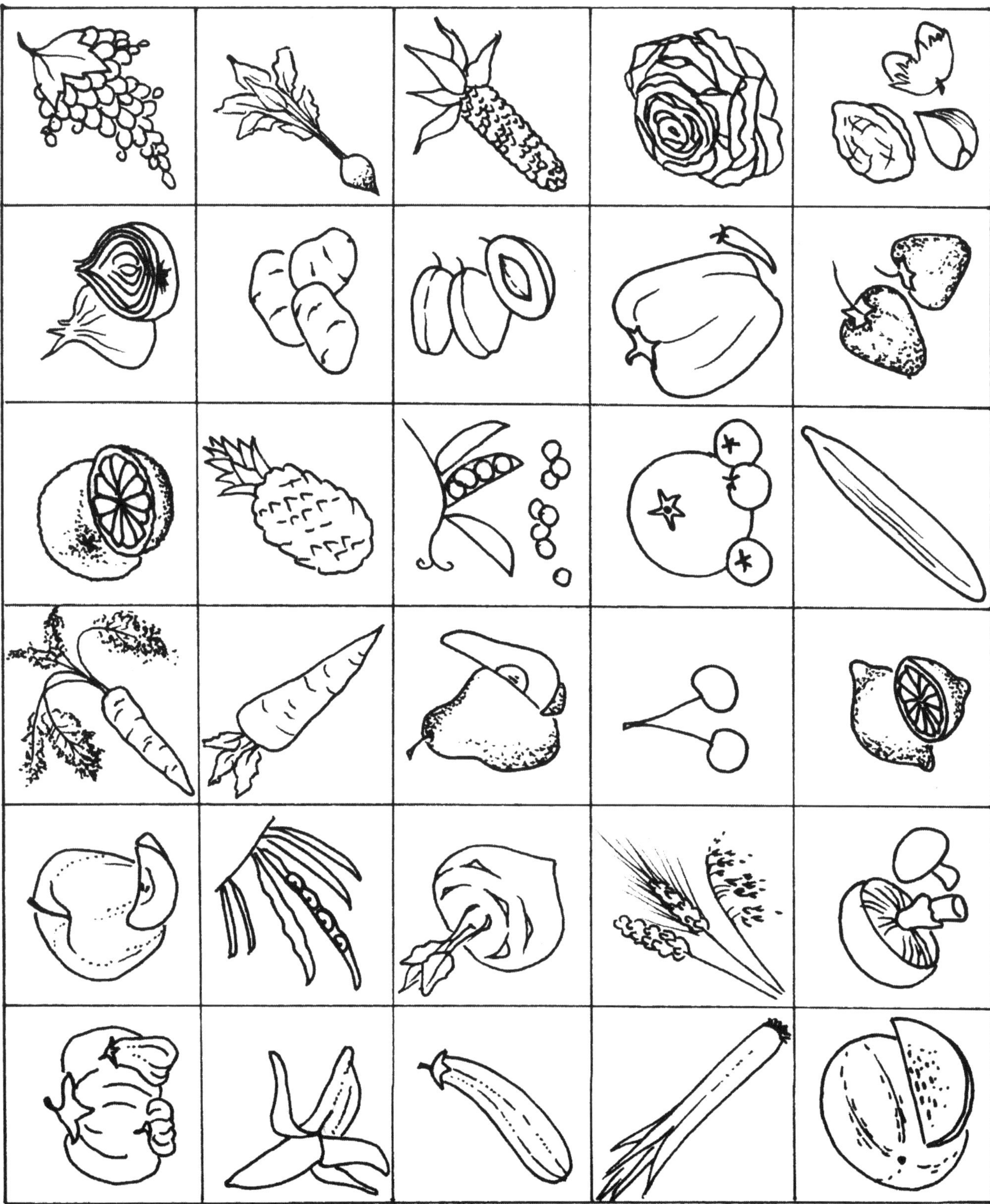

Reformationstag

Der Reformationstag wird am 31. Oktober gefeiert. Evangelische Christen erinnern an Martin Luther. Im Jahr 1517 hat er an eine Kirchentür in Wittenberg 95 Thesen (Streitsätze) angebracht. Er wollte Leute zum Nachdenken über Gott und die Kirche bringen. Sie glaubten: Gott straft die Menschen. Doch man konnte sich von der Strafe loskaufen: durch Ablassbriefe, Wallfahrten und ein Leben im Kloster. Luther entdeckte: Das steht nicht in der Bibel. Im Gegenteil: Gott liebt uns einfach so.

Luther wollte eine „Reformation", eine „Erneuerung" der Kirche. Die Bibel sollte nun im Mittelpunkt stehen. Daher übersetzte er sie ins Deutsche. Doch den Mächtigen der Kirche gefiel das nicht. So entstand die evangelische Kirche.

Der Reformationstag ist in einigen Bundesländern ein Feiertag. Wo er ein Arbeitstag ist, finden Gottesdienste am Abend statt. Es werden Lieder wie „Ein feste Burg" gesungen, und es wird darüber nachgedacht, was man heute verändern muss.

- ☞ Was stellt das Bild dar?
- ☞ Fasse Luthers Entdeckung kurz zusammen. Was weißt du noch über ihn?
- ☞ Manche feiern die Aktion „Hallo Luther". Erkundige dich darüber und frage nach: Wie wird der Reformationstag bei dir im Ort gefeiert?

Meine Streitsätze (Thesen)

☞ Was müsste heute verändert werden? Formuliere Sätze, über die man auch streiten kann.

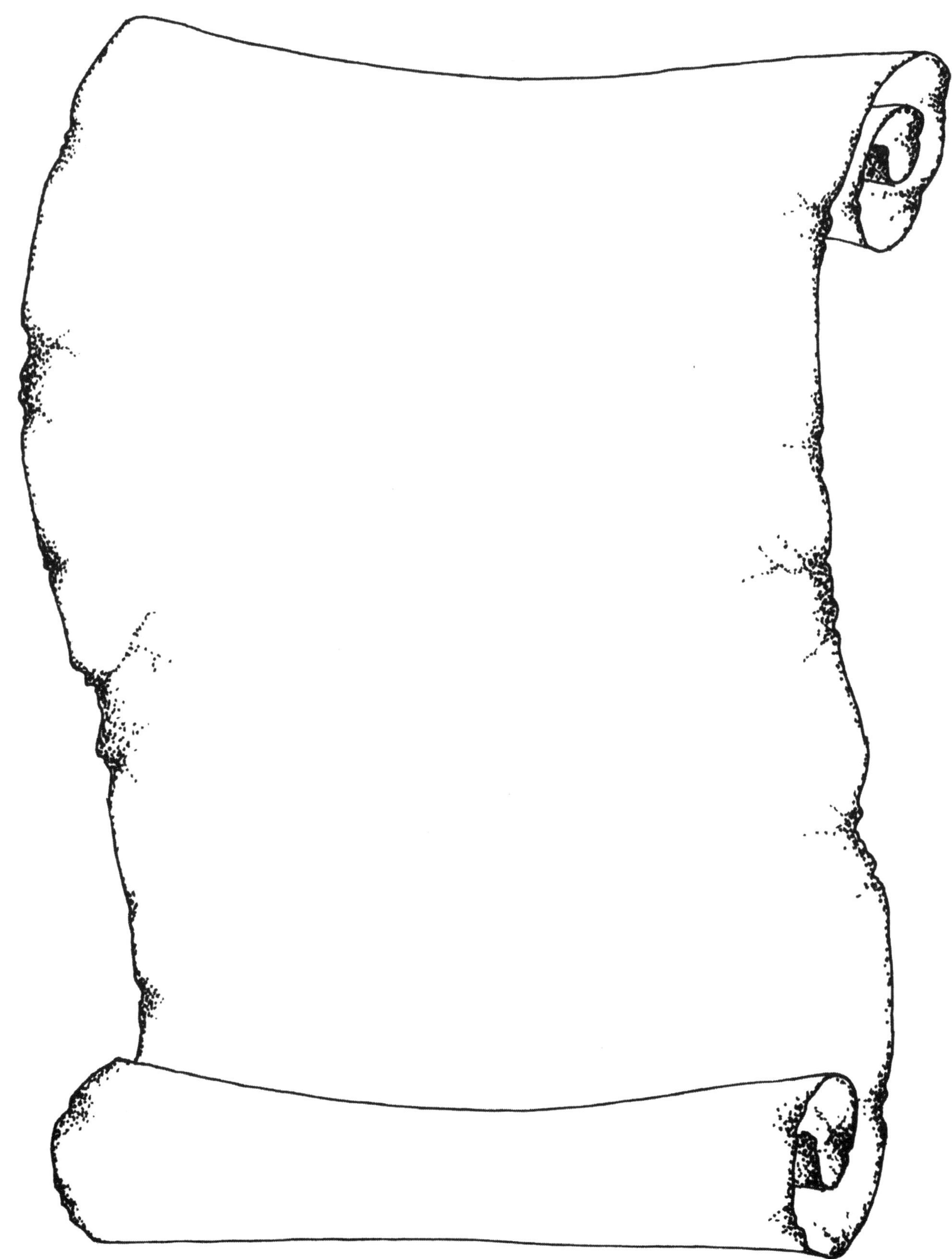

Und was ist mit Halloween?

ANGST **MUT**

Am 31. Oktober wird nicht nur der Reformationstag gefeiert. Seit rund 20 Jahren gibt es auch Halloweenpartys. Ab August werden gruselige Kürbisköpfe, Gespenstermasken und Hexenkostüme verkauft. Doch was steckt dahinter? Halloween (englisch: „all hallows eve") stammt aus Irland. Von dort kam das Fest in die USA. Der Name meint „Abend vor Allerheiligen". An Allerheiligen und Allerseelen wird an Verstorbene gedacht. Dazu kommt ein alter Glaube. Die Kelten glaubten, dass um diese Zeit Geister der Toten wiederkommen. Masken sollten sie abwehren. Daraus wurde der Brauch, beleuchtete Kürbismasken aufzustellen. Kinder gehen verkleidet umher und bitten um Süßigkeiten. Das geht zurück auf einen süßen „Seelenkuchen", der früher am Fest Allerseelen gegessen wurde.

Die Angst vor Geistern hat mit dem Christentum nichts zu tun. Der Reformationstag soll Mut machen. Martin Luther hat in der Bibel entdeckt, dass man vor Gott keine Angst haben muss. Der 31. Oktober ist also kein Angstmach-, sondern ein Mutmach-Tag.

☞ Fasse zusammen, worum es bei Halloween geht.

☞ Wie fühlen sich Angst und Mut an? Schreibe dies oben um die Worte.

☞ Wie könnte man einen Mutmach-Tag feiern?

Allerheiligen

....

Allerheiligen am 1. November erinnert an Heilige. Für Katholiken sind dies Vorbilder mit festem Glauben. Man glaubt, dass sie Wunder getan haben. Manche wurden wegen ihres Glaubens umgebracht. Bekannte Heilige sind Christophorus, der Jesus getragen haben soll, und Franziskus, der mit Tieren redete. Elisabeth brachte Armen Brot, und Georg kämpfte gegen das Böse. Heilige gelten als Fürsprecher. Sie sollen Gebete hören und bei Gott für den Gläubigen bitten können. Daher gibt es Bilder oder Figuren von Heiligen in katholischen Kirchen.

In der evangelischen Kirche gibt keine Verehrung Heiliger. Man hält sie für Vorbilder. Evangelische glauben, dass Gott alle Christen heilig gemacht hat.

An **Allerseelen** am 2. November denken Katholiken an Verstorbene. Sie schmücken Gräber mit brennenden Kerzen und Blumen. Die Evangelischen tun dies am Ewigkeitssonntag, dem letzten Sonntag im Kirchenjahr.

☞ Schreibe unter die Bilder die Namen der Heiligen.

☞ Suche im Internet oder in der Bücherei nach einem Namenskalender. Finde heraus, ob sich dein Name darin befindet und ob du einen Namenstag hast.

☞ Überlegt miteinander, was „heilig“ bedeutet. Was ist euch „heilig“?

Heilige werden im Jahr auch an ihren Namenstagen geehrt:

4. Dezember: Barbara
6. Dezember: Nikolaus
13. Dezember: Lucia
26. Dezember: Stephanus
23. April: Georg
24. Juni: Petrus und Paulus
24. Juli: Christoph(orus)
4. Oktober: Franziskus
11. November: Martin
19. November: Elisabeth

Namenstage

☞ Sieh nach, ob du deinen Vornamen findest. Wenn er nicht dabei ist, schau im Internet nach Namenstagen, ob es für deinen Namen einen gibt.

Januar
1. Maria
4. Angelika, Christiane
9. Adrian, Julian, Alice
11. Thomas
12. Ernst, Tatjana
14. Rainer, Felix
16. Marcel, Tilman, Uli
18. Uwe
19. Mario, Pia, Martha
20. Fabian, Sebastian, Ursula
23. Hartmut, Guido
24. Bernd
27. Angela, Gerd
30. Martina

Februar
1. Brigitta, Brigitte
4. Veronika, Jenny
6. Dorothea, Doris, Paul
8. Philipp
9. Anna, Katharina
13. Christina, Gisela
14. Valentin
16. Juliana, Liane
18. Constanze, Simon, Simone
24. Matthias

März
5. Gerda, Dietmar, Tim
6. Fridolin, Nicole
7. Reinhard, Volker
9. Franziska, Dominik
13. Judith, Pauline
14. Eva, Evelyn
16. Herbert, Rüdiger
24. Karin, Elias
25. Lucia
26. Manuel, Manuela, Lara
31. Cornelia, Conny, Ben

April
2. Mirjam, Sandra, Frank
3. Richard, Lisa
5. Juliane
16. Bernadette, Magnus
17. Eberhard, Max
19. Emma, Leo, Timo
23. Georg, Jörg, Jürgen
25. Markus
29. Katharina, Katja

Mai
4. Florian, Guido, Valeria
8. Ida, Ulrike, Ulla, Klara
11. Joachim
14. Pascal, Christian
15. Sophie, Sonja
17. Dietmar, Pascal
18. Erich, Erika, Felix
24. Dagmar, Esther
25. Magdalene, Miriam
26. Marianne, Philipp
30. Ferdinand, Johanna
31. Petra, Mechthild, Helma

Juni
1. Simeon, Silka, Silvana
3. Karl, Silvia, Karoline
6. Norbert, Kevin, Alice
7. Robert, Anita
15. Lothar, Bernhard
18. Elisabeth, Isabella
24. Johannes
26. David, Konstantin, Paul
27. Daniel

Juli
4. Ulrich, Elisabeth
5. Albrecht, Kira
9. Veronika, Hermine, Hannes
17. Gabriella, Charlotte
20. Margaretha, Greta, Elias
21. Daniel, Daniela, Julia
23. Birgitta, Birgit
27. Rudolf, Rolf, Natalie
31. Herrmann

August
10. Laurenz, Lars, Astrid
20. Bernhard, Bernd, Samuel
26. Patricia, Miriam, Teresa
30. Felix, Rebekka
31. Anja

September
1. Verena, Ruth
3. Gregor, Silvia, Sonja
4. Ida, Iris, Sven
13. Tobias, Johann
21. Deborah, Jonas
29. Michael, Gabriel, Gabi

Oktober
2. Bianca, Jacqueline
7. Jörg, Denise, Marc
8. Günther, Laura, Hannah
11. Alexander, Manuela, Georg
12. Maximilian, David
18. Lukas, Justus, Viviana
20. Ira, Irina, Jessica
21. Ursula, Ulla, Celina
27. Sabina, Stefan
28. Freddy
29. Melinda, Grete
30. Dieter, Sabine

November
4. Karl, Karla
6. Leonhard, Christine, Nina
7. Carina, Tina
9. Roland, Gregor
10. Leo, Andrea, Andreas,
11. Martin, Leonie
19. Elisabeth, Bettina, Lisa
20. Edmund, Felix
23. Clemens
25. Katharina, Kathrin, Katja
28. Berta, Jakob, Albrecht
29. Friedrich, Friederike

Dezember
1. Natalie
4. Barbara
5. Reinhard, Niels
6. Nikolaus, Denise
13. Lucia, Johanna
15. Christiane, Nina
19. Susanna, Benjamin
26. Stephan, Stephanie
31. Silvester, Melanie

Sankt Martin

Der Martinstag am 11. November erinnert an Martin von Tours. Der hat etwa 400 nach Christus gelebt. Tours ist eine Stadt in Frankreich, wo er Bischof war.
Martin war Sohn eines römischen Soldaten. Als Kind hatte er bei Christen deren Glauben kennengelernt. Doch er musste Soldat werden. Da begegnete ihm ein Bettler. Aus Mitleid schnitt er seinen Mantel in zwei Hälften und gab dem armen Mann einen Teil. Doch bei den Römern war es strafbar, seine Uniform zu beschädigen. In der Nacht träumte er von Jesus. Er wurde Christ und wollte kein Soldat mehr sein. Auch das war gefährlich. Das Heer durfte man nicht einfach so verlassen.
Weil Martin mutig für seinen Glauben eintrat, verehrt ihn die katholische Kirche als Heiligen. Am Martinstag wird das Teilen des Mantels nachgespielt. Es werden Martinslieder gesungen und es gibt Laternenumzüge. Das Licht zeigt, dass Gott das Leben hell machen kann.

- ☞ Beschreibe, was du oben auf dem Bild entdeckst.
- ☞ Was war an Martin besonders?
- ☞ Gestalte rechts eine Martinslaterne.
- ☞ Erkundige dich: Wie feiert man Sankt Martin in deinem Ort?

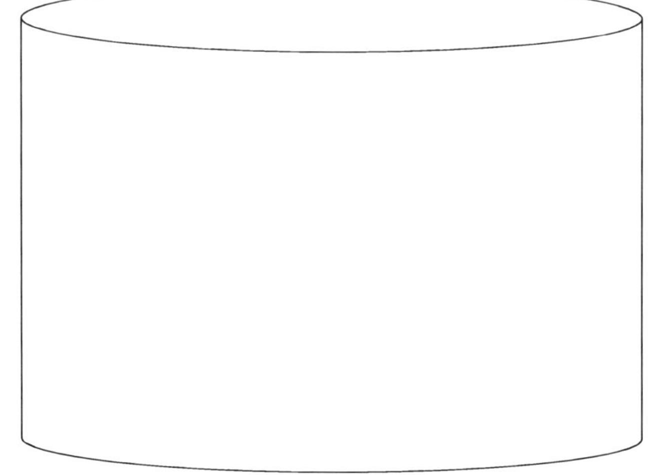

Buß- und Bettag

Der Buß- und Bettag ist ein evangelischer Feiertag. Er liegt Mitte November am Mittwoch vor dem letzten Sonntag des Kirchenjahrs.
Der Tag ist dafür da, dass man über sich nachdenkt: Was habe ich im Leben falsch gemacht? Was ist mir gelungen? Was muss ich verändern? Wie kann Gott mir dabei helfen?
„Buße" bedeutet „umkehren". Das meint: Man muss zunächst erkennen, wo man Fehler begangen oder Unrecht getan hat. Jeder soll dabei ehrlich zu sich selbst sein und nicht anderen die Schuld geben. Dann werden Lösungen gesucht, wie man es besser machen kann.
„Beten" bedeutet, Gott zu vertrauen. Wer betet, der vertraut darauf, dass Gott vergibt und einem hilft, sich zu ändern. So ist der Buß- und Bettag ein Tag der Hoffnung. Es ist nie zu spät. Man kann immer neu anfangen.

- ☞ Schreibe neben die betende Hand, wofür man alles beten kann.
- ☞ Das Gebet rechts stammt aus der Bibel. Welche Gedanken des Buß- und Bettages greift es auf?
- ☞ Einer sagte: „Beten ist wie eine Brücke zu Gott und zu anderen Menschen." Was kann damit gemeint sein?
- ☞ Schreibe NUR FÜR DICH Gedanken auf, in denen du über Fehler nachdenkst und aufzeigst, wie du es besser machen kannst. Du kannst auch ein Gebet dazu formulieren.

„Gott, du bist reich an Liebe und Güte.
Erbarme dich über mich.
Vergib mir, was ich falsch gemacht habe.
Nimm meine ganze Schuld von mir.
Wasche mich rein von meiner Sünde.
Ich weiß, ich habe Unrecht getan.
Meine Fehler stehen mir immer vor Augen."

nach Psalm 51,3–5

Ewigkeitssonntag oder Christkönigstag

Der letzte Sonntag im Kirchenjahr wird Ewigkeitssonntag oder Totensonntag genannt. Evangelische erinnern an Verstorbene. Katholiken tun dies bereits am 2. November, an Allerseelen. Sie nennen diesen Sonntag daher Christkönigstag.
Eine Woche zuvor ist der Volkstrauertag. Da erinnert man an die Toten der Kriege. Er ist kein kirchlicher Feiertag, doch viele Kirchengemeinden beteiligen sich daran. Oft wird auf dem Friedhof gemahnt, in Frieden zu leben.

Im evangelischen Gottesdienst werden am Ewigkeitssonntag Namen der im letzten Jahr verstorbenen Gemeindeglieder genannt. Man tröstet einander und denkt an Jesus, der von den Toten auferstanden ist. Viele besuchen Gräber, legen Blumen darauf und zünden Lichter an. Auch in Friedhofskapellen gibt es Gottesdienste. Öffentliche Partys oder Sportveranstaltungen sind an diesem Tag nicht erlaubt.

☞ Das Bild oben zeigt einen katholischen Priester beim Segnen der Gräber. Beschreibe das Bild und nenne den Tag, an dem Katholiken Gräber besuchen.

☞ Wie kann man an Verstorbene erinnern?

☞ Erkundige dich, wie der Ewigkeitssonntag und eine Woche zuvor der Volkstrauertag in deinem Ort gefeiert werden.

Sonntag – Feiertag der Woche

Der Sonntag ist ein wöchentlicher Feiertag. Sonntagsruhe ist vorgeschrieben. Es darf kein Lärm gemacht, beispielsweise der Rasen gemäht werden.
In der ersten Schöpfungserzählung der Bibel hat Gott einen Ruhetag in der Woche festgelegt (1. Mose 1-2). Juden feiern den Schabbat als Ruhetag. Der geht von Freitagabend bis Samstagabend.

Christen feiern den Sonntag als Ruhetag. Festgelegt hat das der römische Kaiser Konstantin (um 320 nach Christus). Der Grund war, weil Jesus an einem Sonntag auferstanden ist. Jeden Sonntag werden seither Gottesdienste gefeiert. In ihnen wird an Jesus erinnert sowie über Gott und die Welt nachgedacht.

☞ Beschreibe, was du oben auf dem Bild entdeckst.

☞ Wofür ist Ruhe gut?

☞ Es heißt, dass sonntags „über Gott und die Welt“ nachgedacht wird. Was könnte damit gemeint sein?

Lebensfeste

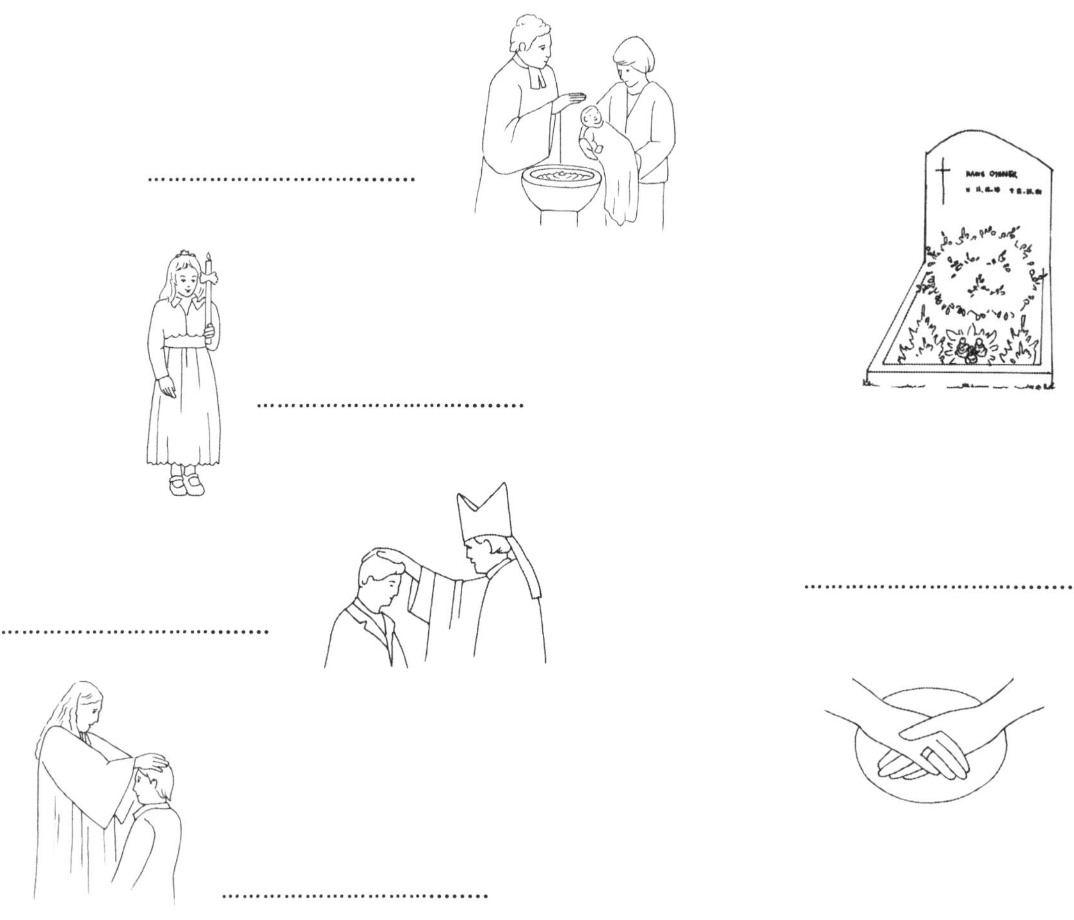

Lebensfeste werden zu bestimmten Zeiten im Leben gefeiert. Das erste Ereignis ist die Geburt. Im Christentum wird meist die **Taufe** im Gottesdienst gefeiert. Durch sie wird das Kind in die Gemeinde aufgenommen. In der katholischen Kirche wird die Taufe ergänzt durch die **Erstkommunion**. Kinder dürfen mit etwa acht Jahren an der Eucharistie, dem katholischen Abendmahl, teilnehmen. Mit etwa 14 Jahren, wenn Kinder erwachsen werden, gibt es in der katholischen Kirche die **Firmung**. Das bedeutet „Festigung". Die Evangelischen feiern die **Konfirmation**. Danach darf man in der Kirche mitbestimmen. Wenn zwei Menschen zusammenfinden, gibt es eine **Trauung**. Das Ehepaar bittet um Gottes Segen für den gemeinsamen Weg. Wenn Menschen gestorben sind, gibt es eine feierliche **Beerdigung**. Bei einem Trauergottesdienst wird an den Verstorbenen gedacht, und die Angehörigen werden getröstet.

☞ Ordne die fett gedruckten Worte im Text den Bildern zu.

☞ Erzähle darüber, welche Feste du bereits erlebt hast.

☞ Welchen Sinn haben die Lebensfeste? Tauscht euch darüber aus.

Taufe

Die Taufe ist die Aufnahme in die christliche Gemeinschaft. In Kirchen gibt es dafür entweder ein Taufgeschirr oder einen festen Taufstein. Evangelische und katholische Kirchen erkennen einander ihre Taufe an. Kleine Kinder werden getauft, weil man glaubt, dass Gott einen Menschen ohne eigenes Tun annimmt. Bei einer katholischen Taufe wird der Täufling auch mit Chrisam gesalbt. Das ist ein Salböl aus Olivenöl und Balsam. Manche evangelische Christen lassen Kinder erst taufen, wenn sie alt genug sind, sich zum Glauben zu bekennen. In Freikirchen wie bei den Baptisten und bei den Mennoniten ist dies sogar die Regel.

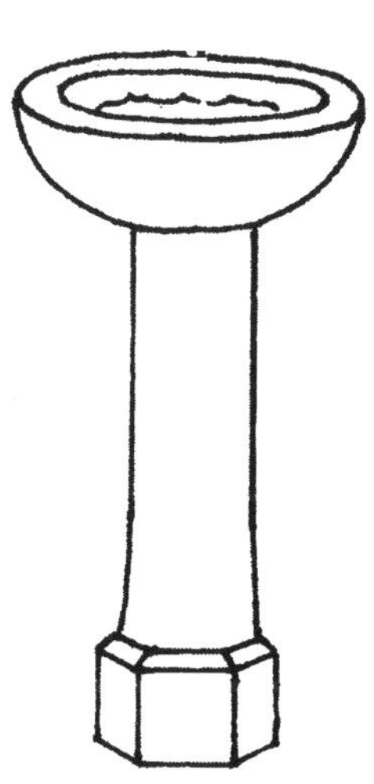

☞ Beschreibe, was du auf dem Bild oben siehst.

☞ Den Gegenstand rechts nennt man ....

☞ *Wenn du getauft bist:* Frage deine Eltern oder Großeltern, wie dein Taufspruch heißt. Du kannst ihn gestalten und den anderen vorstellen. *Wenn du nicht getauft bist:* Suche einen Spruch aus, der sich als „Biblischer Lebensbegleiter" eignet.

☞ *Wenn du getauft bist:* Erkundige dich, was alles bei deiner Taufe geschah. Du kannst ein Taufbuch mit Fotos herstellen, in dem du das, was dir berichtet wurde, zusammenfasst.

Biblische Lebensbegleiter

☞ Bei der Taufe, der Konfirmation, der Trauung und der Beerdigung spielen Bibelworte eine wichtige Rolle. Welcher Bibelspruch gefällt dir am besten?

Fürchte dich nicht, denn ich habe dich erlöst; ich habe dich bei deinem Namen gerufen; du bist mein! Jesaja 43,1b	Ich will dich segnen und du sollst ein Segen sein. 1. Mose 12,2	Ihr alle seid durch den Glauben Gottes Kinder in Christus Jesus. Galater 3,26
Dein Wort ist meines Fußes Leuchte und ein Licht auf meinem Wege. Psalm 119,105	Der HERR behüte dich vor allem Übel, er behüte deine Seele. Psalm 121,7	Selig sind die Friedfertigen; denn sie werden Gottes Kinder heißen. Matthäus 5,9
Ich aber traue darauf, dass du so gnädig bist; Mein Herz freut sich, dass du so gerne hilfst. Psalm 13,6	Du tust mir kund den Weg zum Leben: Vor dir ist Freude die Fülle und Wonne zu deiner Rechten ewiglich. Psalm 16,11	Der HERR ist mein Licht und mein Heil; vor wem sollte ich mich fürchten? Psalm 27,1
Behüte mich wie einen Augapfel im Auge, beschirme mich unter dem Schatten deiner Flügel. Psalm 17,8	Ich will Wasser gießen auf das Durstige und Ströme auf das Dürre; ich will meinen Geist auf deine Kinder gießen und meinen Segen auf deine Nachkommen. Jesaja 44,3	Ihr seid das Licht der Welt. So lasst euer Licht leuchten vor den Leuten, damit sie eure guten Werke sehen und euren Vater im Himmel preisen. Matthäus 5,14+16
Bittet, so wird euch gegeben; sucht, so werdet ihr finden; klopft an, so wird euch aufgetan. Matthäus 7,7	Lasset die Kinder zu mir kommen und wehret ihnen nicht; denn solchen gehört das Reich Gottes. Lukas 18,16	Alle eure Sorgen werft auf Gott; denn Gott sorgt für euch. 1. Petrus 5,7
Gott ist Liebe; und wer in der Liebe bleibt, der bleibt in Gott und Gott in ihm. 1. Johannes 4,16b	Du stellst meine Füße auf weiten Raum. Psalm 31,9b	

☞ Weitere Taufsprüche findest du unter www.taufspruch.de.

☞ Suche dir einen der Sprüche aus, der dir für dein Leben gut gefällt.

Erstkommunion

Kommunion bedeutet „Gemeinschaft" und meint die Gemeinschaft bei der Eucharistie. Eucharistie bedeutet „Danksagung" und meint das katholische Abendmahl. Der Priester wandelt Brot und Wein in Leib und Blut Jesu. Dadurch sei Jesus bei uns. Um das verstehen zu lernen, gibt es den Kommunionsunterricht. Auch im katholischen Religionsunterricht wird darauf vorbereitet. Man lernt vieles über die Kirche und den katholischen Gottesdienst, die Messe.

Am Tag der Erstkommunion dürfen Kinder erstmals zur Eucharistie. Sie wird meist am Sonntag nach Ostern, am „Weißen Sonntag" gefeiert. Mädchen tragen weiße Kleider, Jungs Anzüge. In der Hand tragen sie eine Kerze, die in der Messe angezündet wird.
Nach dem Gottesdienst gibt es eine große Familienfeier. Erstkommunionskinder bekommen Geschenke. Durch die Kommunion gehört man nun vollständig zur katholischen Kirche.

☞ Beschreibe, was du auf den Bildern dieser Seite entdeckst.

☞ Fasse zusammen, worum es bei der Erstkommunion geht.

☞ Auch beim Fest Fronleichnam geht es um die Eucharistie, das katholische Abendmahl. Finde mehr darüber heraus.

☞ Was geschieht bei einer Erstkommunion?
Wenn du selbst keine erlebt hast: Befrage Verwandte und Freunde.

Firmung

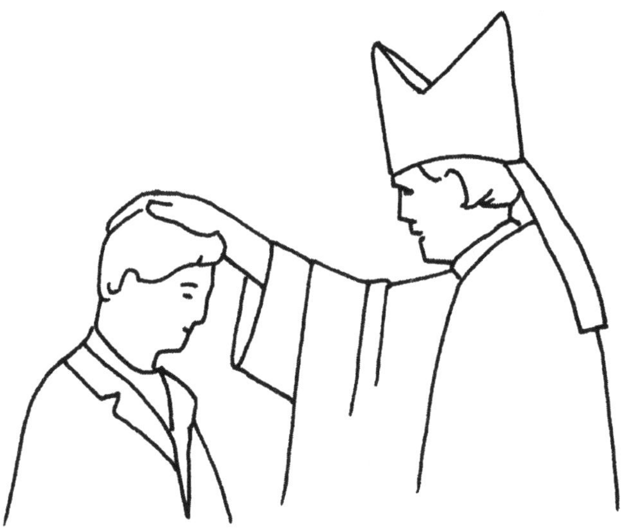

Firmen bedeutet: im Glauben „stark machen". Die Firmung ist nach der Taufe und der Erstkommunion ein drittes katholisches Fest für Kinder und Jugendliche. Meist wird man zwischen 14 und 16 Jahren gefirmt. Die Firmung ist für Katholiken ein Sakrament, eine „heilige Handlung". Die Jugendlichen werden auf die Firmung vorbereitet, unternehmen etwas miteinander und sprechen über Fragen des Glaubens.

Die Firmung macht ein katholischer Bischof. Im Gottesdienst bekennen sich die Jugendlichen zum katholischen Glauben. Ihre Verbindung zur Kirche soll so gestärkt werden.

Der Bischof segnet die Jugendlichen. Er legt die Hand auf den Kopf und streicht danach mit dem geweihten Öl namens Chrisam ein Kreuz auf die Stirn. Die Gemeinde betet, dass Gottes heiliger Geist den Firmling stärkt.

☞ Was stellt das Bild dar, und was kommt gleich danach?

☞ Firmen bedeutet „stärken". Was wird durch die Firmung „gestärkt"?

☞ Was geschieht bei einer Firmung? Wenn du selbst keine erlebt hast: Befrage Verwandte oder Freunde.

Konfirmation

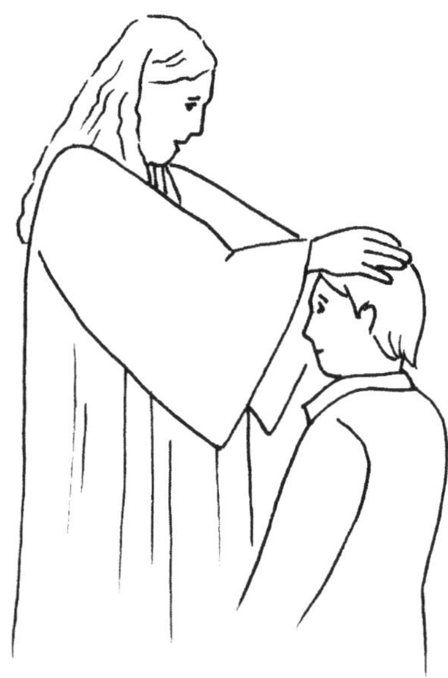

Konfirmation bedeutet: den Glauben „festigen". Im Konfirmandenunterricht wird ein bis zwei Jahre über Glaubensfragen nachgedacht. Es wird besprochen, was in einer Gemeinde geschieht und wie ein Gottesdienst mit Abendmahl abläuft. Vor dem Konfirmationsgottesdienst gibt es ein Gespräch mit Leuten aus der Gemeinde. Dafür werden Texte wie das Glaubensbekenntnis oder die Zehn Gebote gelernt. Früher wurde man im Gottesdienst abgefragt.

Im Konfirmationsgottesdienst haben Konfirmanden Aufgaben. Manche lesen Bibeltexte, andere übernehmen eine Fürbitte oder führen etwas vor. Dann knien sie auf einer Kniebank. Der Pfarrer oder die Pfarrerin spricht einen Konfirmandenspruch aus der Bibel. Dann wird die Hand aufgelegt und ein Segen gesprochen.

Nach dem Gottesdienst gibt es ein Fest und Geschenke. Einen Teil spenden viele Konfirmanden für Menschen, denen es nicht gut geht. Durch die Konfirmation dürfen Jugendliche Paten sein, den Kirchengemeinderat wählen und mit 18 Jahren selbst gewählt werden.

- ☞ Beschreibe, was du auf den Bildern der Seite erkennst.
- ☞ Wie werden Konfirmanden auf die Konfirmation vorbereitet?
- ☞ Was geschieht bei einer Konfirmation? Wenn du selbst keine erlebt hast: Befrage Verwandte und Freunde.

Trauung

Bei der Trauung oder Hochzeit schließen zwei Menschen miteinander den „Bund der Ehe". Im Wort Trauung steckt das Wort „Vertrauen". Die Eheleute versprechen sich gegenseitig die Treue. Im Wort „Hochzeit" steckt „hoch". Das zeigt, dass die Trauung ein wichtiges Ereignis ist.
In Deutschland findet die Trauung im Standesamt statt. Wer möchte, kann danach eine kirchliche Trauung feiern. In manchen Ländern genügt allein die kirchliche Trauung.

Für die katholische Kirche ist die Trauung ein Sakrament, also eine „heilige Handlung". Das bedeutet, für Katholiken ist die kirchliche Trauung besonders wichtig. Für Evangelische ist sie ein Gottesdienst, bei dem das Paar um Gottes Segen bittet.
Um kirchlich getraut zu werden, muss einer der Eheleute zur Kirche gehören. Manchmal wird auch „ökumenisch" getraut. Dabei wirken eine evangelische Pfarrerin oder ein Pfarrer und ein katholischer Priester mit.

☞ Gestalte das Bild oben mit Farben, die für dich zu einer Trauung gehören.

☞ Schreibe um den Kreis, was für dich zu einer guten Ehe gehört.

☞ Was geschieht alles bei einer Trauung? Wenn du selbst keine erlebt hast: Befrage Verwandte und Freunde.

Beerdigung

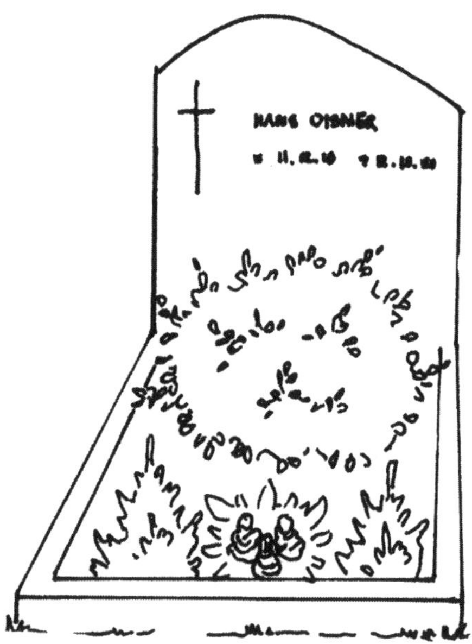

Wenn ein Mensch stirbt, wird er in einem Sarg oder in einer Urne beerdigt. Mit der Beerdigung nehmen die Familie, die Freunde und die Gemeinde Abschied. Beerdigt wird auf einem Friedhof. Der Name bedeutet: Das ist ein Ort des Friedens. Auch sagt man „Ruhe in Frieden". Auf dem Friedhof stehen Grabsteine mit dem Namen, dem Geburtstag und Sterbetag des Verstorbenen. Oft finden sich auf ihm Sinnbilder.

Für Christen gehört zur Beerdigung ein Trauergottesdienst. Der findet in der Kirche oder in einer Trauerhalle auf dem Friedhof statt. Die Trauerpredigt erinnert an die Verstorbenen. Und es wird Hoffnung gemacht, dass der Tod nicht das Ende ist. Dann geht es zum Grab. Es wird ein Segenswort gesprochen, und der Verstorbene wird beerdigt. Mit einer kleinen Schaufel dürfen Verwandte und Freunde ein wenig Sand auf den Sarg streuen und Blumen ins Grab werfen. Wenn der Verstorbene in einer Urne beigesetzt wird, ist diese Feier oft Tage später. Meist geht man nach der Beerdigung miteinander essen. Dabei unterhält man sich und tröstet einander.

☞ Schreibe um das Bild des Grabes, worauf man bei einer Beerdigung achten sollte.

☞ Gestalte das Bild mit Farben, die Trauer ausdrücken.

☞ Was geschieht alles bei einer Beerdigung? Wenn du selbst keine erlebt hast: Befrage Verwandte und Freunde.

Was Grabsteine erzählen

Wer über einen Friedhof geht, findet Zeichen und Symbole, die Hoffnung ausdrücken, dass der Tod nicht das Ende ist.

A und Ω	Alpha und Omega sind der erste und letzte Buchstabe im griechischen Alphabet. Alles hat einen Anfang und ein Ende. In der Bibel steht: Gott ist „der da ist und der da war und der da kommt" (Offenbarung 1,8).
Ähren, Bäume, Reben, Blätter	Ähren, Bäume, Blätter oder Reben sind Sinnbilder für das Leben. Ein Jesuswort sagt: „Ich bin der Weinstock, ihr seid die Reben" (Johannes 15, 5).
Rose	Die Römer und die ersten Christen schmückten ihre Gräber mit Rosen, weil sie auf ein ewiges Leben hofften. Die goldene Rose ist ein Zeichen für Jesus. Auch Martin Luthers Wappen hat die Form einer Rose.
Kranz	Der Kranz galt bei den Römern als Zeichen des Sieges. Die ersten Christen schmückten schon Gräber damit, um zu sagen: „Christus ist Sieger über den Tod".
Strahlen oder Sonne	Licht ist ein Symbol für Jesus. Oft sind Strahlen mit einem Kreuz verbunden. Das soll zeigen: Jesus hat den Tod überwunden, er ist auferstanden. Auch wir dürfen auf die Auferstehung hoffen.
Betende Hände	Betende Hände zeigen: Menschen dürfen selbst im Tod und in der Trauer auf Gott vertrauen.
Engel	Engel sind Boten, die Menschen eine Botschaft Gottes bringen. Manche Menschen hoffen, dass ein Engel sie nach dem Tod begleitet.
Jesusbild, Kreuz und-ChiRho (XP)	Abbildungen von Jesus zeigen ihn mit offenen Armen, am Kreuz oder mit einer Dornenkrone. Die griechischen Buchstaben „Chi" (X=Ch) und „Rho" (P=R) sind die Anfangsbuchstaben von CHRistus.

☞ Ordne die Bilder den Erklärungen oben zu.

☞ Suche selbst auf einem Friedhof nach solchen Symbolen. Welche konntest du noch entdecken?

Geburtstag

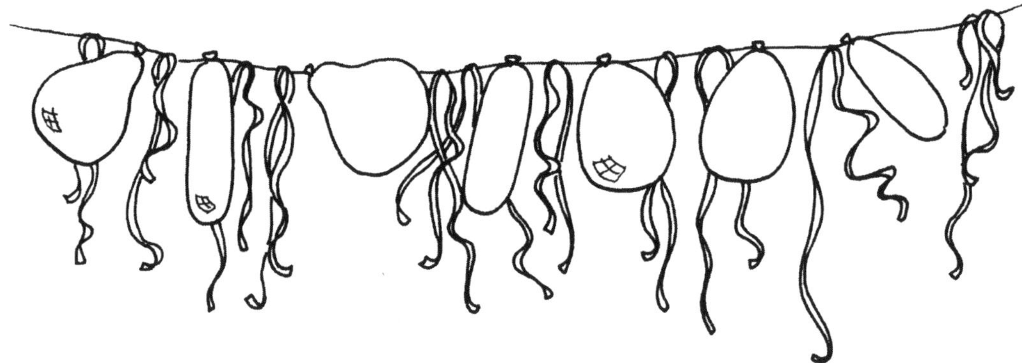

Der Geburtstag, auch „Wiegenfest" genannt, wird jährlich am Tag der Geburt gefeiert. Die Josefsgeschichte zeigt, dass schon in der Zeit der Bibel Geburtstage gefeiert wurden. Am Geburtstag des Pharao wurde der Mundschenk begnadigt (1. Mose 40,20).
Manche Geburtstage werden gefeiert, um an Personen zu erinnern. Keiner weiß, ob Jesus am 24. Dezember geboren wurde. Dennoch feiern wir Weihnachten. Früher wurde in katholischen Gebieten der Namenstag mehr gefeiert als der Geburtstag. Heute werden Freunde und Verwandte eingeladen. Das Geburtstagskind bekommt Geschenke. Ein Geburtstagslied wird gesungen. Es werden Kerzen angezündet, die das Geburtskind auspusten darf. Kindergeburtstage werden oft mit einem bestimmten Motto gefeiert.

- ☞ Beschreibe, wie dein letzter Geburtstag gefeiert wurde.
- ☞ Befrage deine Verwandtschaft, was alles an dem Tag passiert ist, als du geboren wurdest.
- ☞ Gestalte oben ein Bild oder beschreibe, wie dein idealer Geburtstag aussehen soll.

Hinweise auf die Reihen „ReliBausteine primar" und „Kennst du ...?"

Die Reihe „ReliBausteine primar" für den Unterricht in der Grundschule und Orientierungsstufe besticht durch drei Elemente:

- Eine prägnante **Einführung** in ein komplexes Thema wird dargeboten, die sowohl Menschen in Ausbildung als auch Lehrenden in Schule und Gemeinde hilft, sachliche und didaktische Fragen zu klären.
- Elementare **Arbeitsmaterialien**, die in Schule und Gemeinde leicht einsetzbar sind.
- **Kreativideen**, wie man im Unterricht und darüber hinaus aktiv werden kann.

Bisher sind in der Reihe „ReliBausteine primar" die Bände „Kirche erkunden", „Unsere Kirchen", „ICH und DU", „Jesus begegnen", „Religionen der Welt", „Altes Testament", „Schöpfung" und „Kirchenjahr und Lebensfeste" erschienen.

Michael Landgraf
Kirche erkunden
(ReliBausteine primar)
DIN A4, 72 Seiten, Paperback
ISBN (Calwer) 978-3-7668-4083-7
ISBN (VSP) 978-3-939512-12-7
ISBN (RPE) 978-3-938356-24-1

Michael Landgraf
Unsere Kirchen
(ReliBausteine primar)
DIN A4, 72 Seiten, Paperback
ISBN (Calwer) 978-3-7668-4075-2
ISBN (VSP) 978-3-939512-16-5
ISBN (RPE) 978-3-938356-29-6

Michael Landgraf
ICH und DU
(ReliBausteine primar)
DIN A4, 80 Seiten, Paperback
ISBN (Calwer) 978-3-7668-4171-1
ISBN (VSP) 978-3-939512-23-3
ISBN (RPE) 978-3-938356-34-0

Michael Landgraf
Jesus begegnen
(ReliBausteine primar)
DIN A4, 80 Seiten, Paperback
ISBN (Calwer) 978-3-7668-4191-9
ISBN (VSP) 978-3-939512-85-1
ISBN (RPE) 978-3-938356-36-4

Michael Landgraf
Religionen der Welt
(ReliBausteine primar)
DIN A4, 80 Seiten, Paperback
ISBN (Calwer) 978-3-7668-4219-0
ISBN (VSP) 978-3-939512-45-5
ISBN (RPE) 978-3-938356-41-8

Michael Landgraf
Altes Testament
(ReliBausteine primar)
DIN A4, 80 Seiten, Paperback
ISBN (Calwer) 978-3-7668-4261-9
ISBN (VSP) 978-3-939512-55-4
ISBN (RPE) 978-3-938356-54-8

Michael Landgraf
Schöpfung
(ReliBausteine primar)
DIN A4, 80 Seiten, Paperback
ISBN (Calwer) 978-3-7668-4344-9
ISBN (VSP) 978-3-939512-72-1
ISBN (RPE) 978-3-938356-61-6

Kennst du ...? **Das Kirchenjahr**
von Michael Landgraf
22 x 24 cm, 32 Seiten, Paperback,
ISBN (Calwer) 978-3-7668-4490-3
ISBN (VSP) 978-3-947534-03-6
ISBN (RPE) 978-3-938356-69-2

Kennst du ...? **Martin Luther**
von Michael Landgraf
22 x 24 cm, 24 Seiten, Paperback,
ISBN (Calwer) 978-3-7668-4220-6
ISBN (VSP) 978-3-939512-42-4
ISBN (RPE) 978-3-938356-44-9

Kennst du ...? **Die Kirche**
von Michael Landgraf
22 x 24 cm, 32 Seiten, Paperback,
ISBN (Calwer) 978-3-7668-4345-6
ISBN (VSP) 978-3-939512-70-7
ISBN (RPE) 978-3-938356-60-9

Kennst du ...? **Jesus Christus**
von Michael Landgraf
22 x 24 cm, 32 Seiten, Paperback,
ISBN (Calwer) 978-3-7668-4290-9
ISBN (VSP) 978-3-939512-59-2
ISBN (RPE) 978-3-938356-59-3

Kennst du ...? **Die Weltreligionen**
von Michael Landgraf
22 x 24 cm, 32 Seiten, Paperback,
ISBN (Calwer) 978-3-7668-4419-4
ISBN (VSP) 978-3-939512-86-8
ISBN (RPE) 978-3-938356-66-1